장애 혐오의 말은 이제 그만

이런 말,
나만
불편해?

김효진 지음

이후

어느 날 '인권'이라는 단어가 제 삶을 뿌리째 뒤흔들기 시
작했습니다. 제 삶의 전부를 바쳐도 좋겠다는 생각이 들었습
니다. 그래서 장애 인권 운동을 시작했습니다. 단순히 저 자
신이 장애인이라서 시작한 일이 아닌 것이지요.

지금도 저는 '존엄'이라는 말만 들으면 가슴이 울렁거립니
다. 장애인도 존엄한 삶을 살아가는 게 마땅하고 옳은 일이니
까요. '어떻게 하면 누구나 차별받지 않고 서로 존중하는 사회
를 만들 수 있을까?' 하는 설렘과 상상력의 힘으로 지금까지
쉼 없는 여정을 이어 올 수 있었습니다. 그 어느 길목에서 이
책을 통해 여러 독자들을 만나게 되어 반갑습니다.

이 책에서는 장애를 주제로 해서 알고도 쓰고, 모르고도
쓰는 혐오 표현, 대놓고 하는 혐오 표현, 숨어 있는 혐오 표현
에 대해 이야기하였습니다. 의식적·무의식적으로 사용하는
혐오 표현의 배경과 문제점을 깨닫게 되면 장애를 사이에 두
고 평등한 관계를 맺는 데 도움이 될 것으로 여겨집니다. 그러

나 아쉽게도 정답을 알려 드리지는 못합니다. 인권은 고정되어 있고 변하지 않는 개념이 아니기 때문입니다. 인권에 대한 지식과 정보를 빠짐없이 전달하는 것 자체가 불가능하기도 하지만 불필요한 일이기도 합니다.

저 역시 여전히 탐구하고 부단히 깨어 있으려고 노력하는 사람 중의 하나일 뿐입니다. 그리고 장애 차별과 혐오 문제에 대해 깊이 파고들다 보니 어느새 장애와 비장애를 구분하는 데 익숙해 있는 자신을 발견하고 흠칫 놀랄 때가 한두 번이 아닙니다. 우리가 원하는 것은 장애와 비장애를 나눠 서로를 배타적으로 대하는 것이 아닌데 말이죠. 차별한다고, 혐오한다고 비장애인을 몰아붙여 영영 등을 돌리게 하는 것은 우리가 원하는 바가 아닙니다.

혐오 표현이 나쁘다는 것쯤 모르는 사람은 없지만 어디까지가 혐오 표현이고 어디까지가 아닌지는 정해져 있지 않습니다. 그러므로 독자 여러분들이 이 책을 통해 장애 차별과 혐오 문제에 대해 조금이나마 관심을 갖게 되고 민감해질 수 있었으면 합니다. 독자들이 '인권 문해력'을 키우는 데 도움이 되면 좋겠습니다.

인권 문해력은 단순히 개념적으로 인권을 이해하는 것이 아닙니다. 삶의 다양한 사건에 대하여 인권을 고려하면서 생활할 수 있는 능력이라 할 수 있습니다. 인권 문해력을 키운다면 내일 우리는 지금과는 다르게 생각하고, 다르게 행동하는 사람으로 성장할 수 있을 것입니다. 여러분의 그 빛나는 여정에 동행할 수 있게 되어 기쁩니다.

우리 한 사람 한 사람은 모두 빛나는 존재입니다. 래퍼 김하온이 노래한 것처럼 "너 그리고 날 위해 증오는" 빼고 우리가 좀 더 조화로워지기를 바랍니다.

2022년 4월에

김효진

1부

알고도 쓰고,
모르고도 쓰는
장애 혐오 표현

장애인은
불쌍해

"어쩌다 그리 되었는지 참 안됐다."

"그 몸으로 얼마나 힘들까? 불쌍하기도 하지."

장애인들이 수시로 듣는 말입니다. 상대방의 어려움을 못 본 체하면 불쌍하게 여기기도 어렵습니다. 따라서 불쌍하게 여기는 것이 큰 잘못은 아닐 수 있습니다. 오히려 칭찬받아 마땅한 일입니다. 그래서 예나 지금이나 선행이 장려되고 있는 것입니다. 특히 산업화를 거친 지 얼마 되지 않는 시간 동안 급성장을 한 우리 사회에는 아직도 정情의 문화가 짙게 남아 있습니다. 과거 전통사회는 비록 철저한 신분 사회였을지언정 공동체 안에서 약자를 품어 주고 보호하는 문화가 있었던 까

닭입니다.

그런데 냉철하게 따져 보면 누군가를 불쌍히 여기게 되면 상대를 열등한 존재로 대상화할 가능성이 그만큼 높아집니다. 그리고 이때 불쌍히 여겨지는 대상이 어떤 마음일지는 별로 중요하게 생각되지 않습니다. 자존감을 유지하고 있는 어떤 사람인들 자신이 불쌍해 보이는 것을 달가워할까요? 그런 상황에 처했을 때 불쌍하게 여겨지는 사람은 대체로 수치심과 비참한 감정을 느낄 수밖에 없습니다.

고등학교를 자퇴한 자녀를 둔 분을 알고 있습니다. 부모 입장에서는 하늘이 무너지는 듯한 고통을 느낄 일입니다. 남들은 좀체 가지 않는 낯선 길을 가려는 아이를 무조건 응원하기는 쉽지 않으니까요. 아직 성인이 되지 않은 청소년이었기에 더욱 그럴 겁니다. 그러나 그분은 부모 입장보다 자녀 입장을 존중하기로 했습니다. 아이가 학교생활에서 겪은 고통을 이해하고 새로운 출발을 할 수 있도록 응원하기로 했습니다.

아이 입장에서도 쉬운 결정은 아니었을 것입니다. 남들과는 다른 선택을 하고 나면 온전히 그 책임은 자신이 져야 하기 때문에 무섭고 두려웠을 것입니다. 부모님이 걱정하는 대로 학교에 다니지 않는 청소년에게 우리 사회는 너그럽지 않습니다. '묻지도 따지지도 않고' 비행 청소년으로 몰아가기 쉽습니다. 하지만 학교에 남아 하루하루 죽어 갈 수는 없었습니다. 숨을 쉬어야 했습니다.

그런데 학교를 그만둔 아이에게 주변의 어떤 사람이 "참 안됐다", "어쩌다 그렇게 됐느냐?"며 동정을 하거나 "이제 어떻게 할 거냐"며 한숨을 내쉬면 어떻게 될까요? 사람들은 "학교가 좋아서 다니는 학생이 몇이나 되냐?", "왜 좀 더 참지 못했느냐?"며 당사자를 비난하기도 합니다. 이런 말을 듣는 당사자는 매우 곤혹스럽습니다. 용기를 내서 문제를 하나하나 풀어 나가야 하는 상황 앞에서 주변 반응이 이러면 오히려 '내가 잘못 결정한 걸까?' 싶은 생각이 들고 마음이 점점 더 위축될 것입니다. '그동안 많이 힘들었구나!' 하며 그저 공감해 주기만 해도 용기를 잃지는 않을 텐데 말입니다.

당연한 말이지만, 학교를 그만두었다고 해서 인생에서 실패한 것은 아닙니다. 그리고 평생 단 한 번의 실패도 없이 꽃길만 걷는 사람은 아마도 없을 것입니다. 우리는 실패를 통해 더 단단해질 수 있습니다. 무엇보다, 다른 길을 선택했다 해서 실패로 규정하고 실패자로 낙인을 찍는 것 자체가 폭력일 수 있습니다. 앞길이 무한하게 열려 있는 아이들에게는 더욱 그렇습니다.

학교를 자퇴한 그 아이는 검정고시를 통과하고 대학 진학을 준비하고 있습니다. 그리고 유튜브 게임 방송 진행자로서 상당한 구독자를 확보하고 있습니다. 안전보다 자유를 선택했지만 자유에 따르는 책임을 지기 위해 꾸준히 노력하였고 자신만의 길을 만들고 있습니다. 다른 길을 선택했기 때문에 남들보다 몇 배는 더 불안하고 아팠을 그의 청춘을 힘껏 응원합니다.

장애인의 경우도 그렇습니다. 안됐다, 불쌍하다는 소리를 들으면 위축됩니다. 그리고 소위 '장애인답게' 살아가는 것에 대해 심각하게 고민하게 됩니다. 어차피 장애를 갖고 계속 살아가야 하니 하나하나 부딪혀 가며 문제를 해결해 나가 보자고 용기를 내고 싶지만 잘 되지 않습니다. 동정의 시선, 경멸의 시선을 접하면서 문제 해결에 나설 때마다 자신이 비장애인들에게 피해를 주고 있지 않나 하는 생각에 머뭇거리게 됩니다, 장애인답게 살아가려면 남들의 동정적 시각에 순응하고 머물러 있어야 하지 않을까 하는 내면의 갈등을 수시로 겪게 되는 것입니다.

동정과 혐오는 한 끗 차이

2019년에 한 학생이 청각장애인들에게 3만 원을 준 사실을 자신의 SNS에 자랑했다가 네티즌들의 분노를 산 일이 있었습니다. 수어로 대화를 나누고 있는 두 청각장애인을 보고 왠지 울컥해서 3만 원씩 주고 온 것이 발단이 되었습니다. 그 학생은 받지 않겠다며 극구 거절하는 분들에게 억지로 돈을 쥐여 주고 후다닥 버스에 올라탔다고 합니다. 착한 일 한 것 같아 내심 뿌듯해하면서 말이죠.

집에 돌아와 그 학생은 SNS에 자신이 한 일에 대해 썼습니다. 용돈을 털어 착한 일 했으니 다들 칭찬해 줄 거라 생각한 거지요. 그런데 그게 아니었습니다. "내가 청각장애인 입장이었다면 기분이 더러울 것 같다", "동정 받는 기분이 어떤지 아냐"는 반응이었습니다.

청각장애인들이 수어를 사용하는 것은 불쌍하게 볼 일이 아니며, 그들은 듣거나 말하지 못하는 것이 아니라 비장애인들과 다른 방식으로 말하는 사람들입니다. 그리고 청각장애인이라고 다 가난하다고 생각하는 것은 편견에 해당하지요. 이들에게 시혜를 베풀려고 돈을 주는 행위는 오히려 청각장애인에 대한 차별일 수 있습니다. 네티즌들 사이에서 이런 반응이 나온 것으로 보아 장애 인권에 대한 의식이 많이 높아졌음을 알 수 있었습니다.

그래도 착한 일 하려던 그 학생은 자신의 선의를 사람들이 이해해 주지 않아 무척 억울했나 봅니다. 그래서 "너무 몰아세우지 않아 줬으면 좋겠"다며 항변했습니다. 자신도 청각장애인들이 모두 가난하다는 편견을 갖고 있지는 않지만, 두 청각장애인들의 옷차림이 조금 허름했기 때문에 도와주고 싶었던 것이라고 말입니다.[1] 하지만 옷차림만으로 도움이 필요한 사람이라 판단하는 건 섣부르지요. 부자이면서 검소한 사람일 가능성도 얼마든지 있거든요.

심지어 청각장애인들이 극구 거절했는데도 억지로 돈을 준 것은 상대방 입장을 고려하지 않은 일방적인 행동이었습니다. 상대가 원하지 않는데도 도움을 주는 건 실제로 도움이 안 될 뿐 아니라 상대를 존중하지 않는 태도입니다, 그래서 착한 일을 할 때도 입장을 바꿔 생각해 보는 신중함이 필요하답니다.

그런데 수어를 사용하고 있거나 옷차림이 허름하다는 이유로 '가난할 것이다, 불쌍하다. 도움이 필요할 것'이라고 생

1　『이데일리』, 2019년 2월 19일.

각하는 사람이 그 학생뿐일까요? 아마도 우리 사회 대부분의 사람들이 비슷한 생각을 하고 있을 듯합니다. 사실 그 학생은 우리 사회가 갖고 있는 장애인에 대한 인식을 비판 없이 수용하고 실천한 것뿐이지요. 학교에서 장애인은 불쌍하니까 도와줘야 한다고 교육받아 왔기 때문입니다. 그러므로 한 개인의 잘잘못을 따지기보다는 왜 그런 생각과 행동으로 이어졌는지에 대해 돌아보는 것이 현명하다고 봅니다.

장애인이 왜 불쌍해?

2019년의 일입니다. 예능 방송에도 출연해 인기 있는 만화가인 '기안84'의 웹툰이 문제가 된 적이 있었습니다. 네이버에서 연재하고 있는 《복학왕》 248화 〈세미나 1〉에서 청각장애 여성이 닭 꼬치를 사 먹는 장면 때문이었습니다. 말풍선에는 청각장애 여성의 어눌한 발음이 고스란히 담겼습니다. "닥 꼬티 하나 얼마에오?"라고 표현한 것은 문제가 될 것이 없습니다. 구어를 사용하는 청각장애인의 발음을 표현한 것일 뿐이니까요.

문제는 혼자만의 생각을 표현한 부분이었습니다. 청각장애 여성이 닭 꼬치에 소스를 뿌리는 장면에선 '마이 뿌뎌야디', '딘따 먹고 딥었는데'라고 표현되어 있었습니다. 청각장애는 지적인 장애와는 다른데, 구어를 사용한다고 해서 마치 지적으로도 결함이 있는 것처럼 묘사한 것입니다.[2]

한 장애인 단체에서는 장애인에 대한 차별 행위로 보고 '기안84'에게 공식 사과를 요구했습니다. 이에 '기안84'는 논란이 되는 부분을 수정한 뒤 사과를 했습니다. '기안84'가 "작품을 재밌게 만들려고 캐릭터를 잘못된 방향으로 과장하고 묘사했다"며 자신의 잘못을 인정하고 사과하는 것으로 문제는 일단락이 되었습니다.

만화가는 왜 청각장애인을 그런 식으로 묘사했을까요? 정말 청각장애인이 지적 장애도 갖고 있는 줄 알았을까요? 아마도 그렇지 않을 것입니다. 그런데 아무리 재밌게 표현하고 싶었다 해도 그렇게 왜곡해서 표현한 이유는 무엇이었을까요? 청능주의聽能主義 때문일 것입니다. 청능주의는 듣지 못하는 농인보다 들을 수 있는 청인이 우월하다고 믿는 신념과 행동을 말합니다. 청각장애를 갖고 있는 사람들 중에서 수어를 사용하는 사람들은 스스로를 '농인'이라고 부릅니다. 농인들은 농

---

2 『아이뉴스24』, 2019년 5월 10일.

인의 언어를 긍정적으로 수용하고 이를 적극적으로 사용하며 같은 문화와 언어를 가진 집단에 자발적으로 참여하고 이를 계승하는 사람들을 말하지요.[3]

청능주의는 영어로 오디즘Audism이라고 합니다. 농인학자 톰 험프리즈가 처음 사용했어요. 청인이 우월하다고 믿고 농인에게 청인처럼 행동하라고 하는 것을 청능주의라고 합니다. 소리를 듣는 능력을 기준으로 삼고 그 밖의 것은 억압하는 행위입니다. 청능주의를 따르는 사람들은 농인의 행복이 청인의 문화적·언어적 유창함을 얻는 것에 달려 있다고 가정하고 농인에게 구화를 강요해 왔다고 합니다.

킴 닐슨의 『장애의 역사』에 의하면, 미국에서 남북전쟁 이후 등장한 알렉산더 벨Alexander Graham Bell이 이끌던 교육이론가 집단은 수어가 "교도소에 갇히는 수단"으로 작용한다고 주장했답니다. 많은 사람들이 수어로 인해 농인이 사회에서 배제되고 소외된다고 선언했습니다. 수어를 하는 사람들은 진정한 미국인이 될 수 없다는 것이 그 이유였습니다.

19세기 말부터 미국에서는 수어에 대한 사회적 낙인이 점차 커

---

3   국립국어원, 〈농문화와 농사회〉, '용어 설명' 중에서.

져 갔다. 농인 학교에서 점차 수어 사용이 금지되기 시작했고, 제1차 세계대전 시기에는 80퍼센트의 농인 학생들이 수어를 사용하지 않고 교육을 받았다. 농인은 수어라는 다른 언어를 쓰는 사람이 아니라, 구어를 온전히 구사하지 못하는 결함 있는 몸을 가진 사람으로 규정되었다. 수어를 사용하는 농인들은 사회에 적응하고자 충분히 노력하지 않는 부족한 인간으로 취급받았고, 농인들은 자신의 언어를 사용하는 일을 수치스럽게 생각해야 했다.

⊙『장애의 역사』, 킴 닐슨, 동아시아, 2020.

우리 사회에서도 청각장애인을 비하하는 태도는 청능주의와 관련이 있습니다. 농인들이 사용하는 수어를 언어로 인정하지 않고 우습게 여기는 태도, 수어로 소통하는 것이 아니라 말을 하지 못하는 것으로 보는 태도는 청능주의에서 비롯됩니다. '기안84'도 알게 모르게 청능주의의 영향을 받았을 것입니다. 우리 모두 예외가 아니겠지요. 청능주의는 비장애중심주의라는 폭력의 다른 이름입니다.

온정주의는 사실 경멸하는 태도

누군가를 불쌍하게 바라보는 시선에는 남의 불행을 통해 위안을 얻으려는 얄팍한 심사가 바탕에 깔려 있습니다. 도저히 뛰어넘을 수 없는 어떤 경지의 사람과 자신을 견주어 스스로의 불행을 두 번 세 번 되새기기보다는 나보다 못한 처지에 있는 사람을 통해 그래도 다행이라는 위안을 얻는 것입니다. 이러한 태도에도 순기능은 있습니다. 지금의 자신을 긍정하고 감사한 마음을 갖게 해 주니까요. 하지만 만족스럽지 못하거나 혹은 불행한 자신의 삶을 해명하는 데는 아무런 도움이 되지 않고 오히려 자신을 성찰하고 새로운 방향을 설정해 앞으로 나아갈 수 있는 기회를 막는 역기능이 있습니다. 즉 문제에 직면하지 못하고 문제를 회피하게 만드는 기능 또한 있어 보입니다.

저는 대학을 졸업하고도 이십 대 시절을 거의 청년 실업 상태로 보냈습니다. 장애인에 대한 고용 차별 때문이었습니다. 어렵게 취업한 직장에서는 월급도 제대로 받지 못하는 일이 많았습니다. 절망에 빠져 있던 무렵, 뇌졸중으로 쓰러져 2년 넘게 투병 생활을 하던 아버지가 세상을 떠나셨습니다. 아버지가 돌아가신 후 제 어머니는 집안에 틀어박혀 있던 제게 날마다 동네 사람들의 불행한 소식을 전해 주셨습니다. 누구네 집 아무개가 교통사고를 당했다더라, 누구네는 사기를 당해 얼마를 손해 봤다더라 하는 소식들이었습니다. 그러면서 꼭 덧붙이곤 하셨지요.

"얼마나 다행이니? 그런 끔찍한 일을 당하지 않은 것만으로도. 사람은 내려다보며 살아야지 올려다보곤 못 사는 법이다."

하지만 어머니의 그런 말씀은 조금도 위로가 되지 않았습니다. 마음이 꽁꽁 닫혀 있던 저로서는 이웃의 소식에 조금의 관심도 없었습니다. 더구나 남의 '불행'을 나의 '다행'과 도저히 연관 지을 수도 없었습니다. 솔직히 그 사람들에게 일어난 사고나 딱한 사연보다 내 오랜 실업 상태가 더 불행하게 여겨졌습니다.

지금도 저는 남의 불행을 나의 '다행', 혹은 '행복'으로 쉽게 바꿔치기하는 것을 좋아하지 않습니다. 남의 불행은 나의 불행과 연결되어 있고, 내 행복 역시 남의 행복과 관련이 있다고 믿고 함께 행복해질 수 있는 길을 찾고 있습니다. 그런 면에서 장애 역시 불행으로 여기기보다 장애를 갖고 있다는 이유로 차별하는 사회 문화를 바꾸어야 한다는 신념을 갖고 있습니다.

그런데 장애에 대한 신념과 태도 중에서 온정주의의 역사는 꽤 뿌리가 깊습니다. 『우리 없이 우리에 대한 것은 없다』는 책에서 제임스 찰턴은 온정주의에 대해 "장애인은 본질적으로 열등하며 자신의 삶을 스스로 책임질 수 없다는 가정"에 기초한다고 말했습니다.

그리고 온정주의는 우월감에 대한 믿음으로부터 시작되며, 장애인들과 같은 열등한 존재들에게는 (흑인, 야만인, 여성조차도) 개인의 의지나 문화, 전통, 주권 대신에 통제 혹은 보살핌 등이 필요하다는 생각이라고 보았습니다. 온정주의는 억압의 주체를 자애로운 사람 혹은 보호자로 위장해 버리기 때문에 매우 미묘합니다. 묻지도 않고 휠체어를 밀거나 시각장애인의 팔을 낚아채며 도와주는 사람들, 식당에서 장애인 대신 동행한 활동보조인에게 주문하라고 요청하는 종업원, 당사자의 소망에 역행하는 시설 수용, 귀여운 장애아동들이 수공예품 만드는 일만 배우는 것 등이 그 예에 해당합니다.[4]

제임스 찰턴은 장애에 대한 신념과 태도가 개별적으로 경험되지만, 사실은 사회적으로 만들어지는 것이라고 보고 있

4　『우리 없이 우리에 대한 것은 없다』, 제임스 찰턴, 울력, 2009.

습니다. 그리고 거의 예외 없이, 장애에 대해 경멸적인 입장을 취하고 있고 온정주의적이며, 가학적이거나 위선적인 경우도 많다고 강조합니다. 경멸적인 태도를 노골적으로 드러내지 않을 때 그들은 역설적으로 장애인에 대해 용감하고 대단한 사람이라는 태도를 취하면서도 '동정'의 대상으로 삼습니다.

장애는 본질적으로 두렵거나 비정상적인 것이라는 전제를 배경으로 하는 상황이기 때문에 '정상' 혹은 평범한 삶을 살아가는 이들이라면 누구라도 비범한 사람으로 간주한다는 것입니다.

불쌍해서 베푸는 마음은
공감이 아니라 우월감

———

온정주의는 장애인을 근본적으로 열등한 존재로 여기고 불행이나 비극적 존재, 심지어 '전생에 지은 죄에 대한 업보'로 보고 장애인이 가지고 있는 권리와 책임, 고유한 능력이나 관심을 부정합니다. 그래서 온정주의 태도가 문제가 되는 것입니다. 그로 인해 장애인들은 낮은 위치를 감수하게 되고, 도움에 길들여지게 되며, 의존이 심해져 자립할 수 있는 기회를 갖지 못하는 결과로 이어질 수 있습니다. 온정주의는 경멸적인 태도를 바탕으로 하고 있으면서도 친절과 온화한 태도로 곧잘 포장되곤 합니다. 그래서 장애인들이 그에 대해 저항하기도 쉽지 않습니다.

가령, 뇌병변 장애를 갖고 있는 친구에게 누군가 말을 걸었다고 합시다. 뇌병변 장애인은 언어장애를 갖고 있는 경우가 많습니다. 그런데 도와주려는 마음에 옆에 있던 사람이 얼른 대답을 해 버리는 일이 흔하게 벌어집니다. 그러고 나서 보통 "얘는 말을 잘 못 해요."라는 부연 설명을 하게 되지요.

뇌병변 장애인 중에는 언어장애를 함께 갖고 있어서 의사소통에 어려움을 많이 겪습니다. 하지만 조금만 노력하면 얼마든지 의사소통을 할 수 있습니다. 그러니 알아듣기 어려워도 그가 하는 말을 잘 들으려고 하거나 보완 대체 수단을 사용해서 소통하면 됩니다. 기다리지 못하고 들으려고 하지 않는 것은 언어장애가 있는 친구를 얕잡아 보는 태도입니다.

그런데 친구가 말을 잘 못한다는 정보를 친절하게 알려 준 것이기 때문에 장애인 당사자 입장에서는 기분이 나빠도 감정을 표현하기가 어렵습니다. 표현을 했다간 자칫 선의를 받아들이지 못하거나 거절하는 옹졸한 사람이 되어 버리니까

보완 대체 의사소통(AAC)

　보완 대체 의사소통(Augmentative and Alternative Communication)이란 말과 그림이 함께 나오는 상징을 통해 의사소통을 보완하거나 대체하는 도구를 말합니다. 의사소통에 어려움을 겪는 장애인들은 보완 대체 의사소통을 통해 보다 쉽게 자신의 의사와 요구를 표현할 수 있습니다.

　과거에는 발달 장애인에게 의사표현 능력이 없다고 여겼습니다. 그래서 의사를 물으려는 노력을 아예 하지 않았습니다. 그러나 장애인의 권리에 대한 인식이 높아진 요즘에는 발달 장애인에게 의사를 묻고 의사소통을 하기 위한 여러 가지 지원 방법이 개발되고 있습니다. 그들이 이해할 수 있는 방식으로 지원만 된다면 발달 장애인과도 얼마든지 의사소통을 할 수가 있습니다.

요. 이런 관계는 친구 사이에서 어느 한쪽이 잘난 척을 하거나 유난히 속이 좁아 생기는 문제가 아닙니다. 장애인이라는 집단에 속해 있다는 이유만으로 이미 비장애인보다 열등한 위치에 놓이게 되는 사회적 관계 때문에 벌어지는 현상이라고 할 수 있습니다. 그러므로 우리네 일상에는 개인의 의도와는 상관없이 어느 한쪽이 다른 한쪽을 불편하게 만들 수 있는 가능성이 늘 있다는 점에 유의할 필요가 있겠습니다.

장애인에게 도움을 줄 때는 상대에게 도움이 필요한지 의사를 먼저 확인해야 합니다. 흰 지팡이를 짚고 가는 시각장애인을 만났을 때, '아, 정말 불쌍해. 앞이 안 보이니 얼마나 불편할까?' 하면서 다짜고짜 그 사람의 팔을 덥석 잡고는 "어디 가세요? 제가 모셔다 드릴게요!" 한다면 그 시각장애인은 감사한 마음보다는 놀라고 당황스러운 감정이 앞설 것입니다.

도움을 줄 때도 조심스러운 태도로, "제가 도와드려도 될까요?" 묻고, "제 팔을 잡으시겠어요?" 물어야 합니다. 그러지 않고 다짜고짜 다가간다면 시각장애인은 돕겠다는 사람에게 화를 낼 수도 없고, 불편한 마음을 내비치자니 미안하기도 해서 당황스러울 거예요. 솔직한 마음을 이야기하면, 마음을 거절당한 민망함으로 욕을 하는 사람들까지 있습니다. 도움을 주려는 마음은 좋지만, 그 방법과 태도까지 제대로가 아니라면 돕지 않느니만 못합니다.

　온정주의는 한 사람의 인간성은 묻어 버리고, '장애인'이라는 존재로만 그 사람을 보게 해 불쌍하고 초라한 존재로 만듭니다. 장애인을 전시하고, 소비하게 만듭니다. 온정주의는 장애인을 '사람'이 아니라 '장애'라는 조건으로만 도드라지게 만듭니다. 그러면서 '장애'라는 조건은 보통 사람들에게는 절대 있어서는 안 될 끔찍한 사건이 되고 맙니다. 장애인은 이런 방식으로 특수화되고 보통 사람들의 범주에서 제외되고 있습니다.

자선을 위해 소비되는 고통과 비극

———

　〈사랑의 리퀘스트〉라는 텔레비전 프로그램을 기억하는 분들, 혹시 있을까요? 1997년에 시작해 2014년까지 무려 20년 가까이 이어져 왔던 장수 프로그램이었습니다. 주로 장애인, 난치병 환자, 결손가정의 구성원들이 나와 어려움과 고통을 호소하면 ARS를 통해 한 통화에 천 원에서 2천 원씩 기부하는 방식으로 진행된 프로그램입니다. 어려운 이웃의 아픔을

함께 느끼며 작은 정성을 나누어 희망찬 세상을 만들어 가고
자 하는 취지였습니다. 그래서 불우한 이웃들에게 온정의 손
길을 전하는 기부자들의 호응이 꽤 높았습니다.

그런데 장애인 중에는 이 프로그램이 불편하다고 얘기하
는 이들이 꽤 있었습니다. 전형적인 온정주의 사례라는 것이
지요. 장애인 등 사회적 약자들을 돕는 제도를 만드는 데 애
쓰기보다 시청자들의 개인적인 동정과 슬픔에 기대도록 만들
기 때문이었습니다. 사람들이 전화를 걸어 돈을 내게 하려면
고통과 비극을 과장할 수밖에 없었습니다. 그 과정에서 장애
인들은 수치심과 모욕감, 무력감을 느꼈습니다. 결국 프로그
램은 폐지되었지만 무려 20년 동안이나 '불쌍한 장애인 이미
지'를 소비해 온 수많은 시청자들의 굳어진 관념이 일상생활
에 깊이 뿌리내렸을 것이라고 충분히 짐작할 만하지요.

미국에도 〈사랑의 리퀘스트〉와 같은 자선 이벤트 프로그
램이 있었습니다. 〈텔레톤〉[5]이란 프로그램인데, 코미디언 제
리 루이스가 사회를 보았습니다. 이 프로그램에서는 기부금

---

5 미국에서 1960년대부터 방영된 텔레비전 자선 모금 방송이다. 〈텔레톤〉은 '장시간 방송'이란
   뜻으로 텔레비전과 마라톤의 합성어이다. 코미디언 제리 루이스는 40년 이상 이 프로그램을
   진행하면서 자선 활동에 앞장섰으며 향년 91세로 2017년에 세상을 떠났다(국제뉴스, http://
   www.gukjenews.com).

을 모으기 위해 난치병이나 장애의 공포를 극대화시키거나 그러한 병이나 장애를 가진 순진한 어린이들이 동원되어 시청자의 동정과 슬픔을 불러일으켰다는 비판을 받았습니다.

〈텔레톤〉에 출연한 장애 어린이들은 사회자의 이름을 넣어서 '제리 키즈'라 불렸다고 합니다. 그런데 이 '제리 키즈' 이미지야말로 전통적인 장애인관의 전형이었습니다. 장애인 권리 운동에서는 무지하고 순진하며 무력한 장애인의 이미지를 비장애인에게 유포한다는 이유로 비판을 했습니다. 이런 동정의 대상으로서의 '제리 키즈' 이미지와의 싸움이 미국 장애 문화 운동의 원점이 되었다고 합니다.[6]

시몬느 소스라는 정신분석학자는 '역집중'이라는 개념으로 사회적인 측면에서 장애인을 대하는 태도에 대해 설명하였습니다. 역집중은 프로이트가 내세운 개념으로, "용납할 수 없는 표현이나 욕망이 솟아나는 것을 적극적으로 막으려는 정신작용"입니다. 시몬느 소스는 사람들이 역집중을 통해 '장애'를 거부하고 싶은 생각을 억누르고 정반대의 태도를 취한다고 보았습니다.

시몬느 소스는 그 대상이 아이인 경우, 이런 현상이 더욱

6 『장애학 이론 형성과 과정』, 스기노 아카히로, 한국장애인단체총연합회, 2010.

도드라지게 나타난다고 했습니다. 아이인데다 장애까지 있어서 이중으로 힘이 없는 존재에게는 거부감을 가져서는 안 된다고 생각하기 때문에, 무의식적으로 장애가 있는 아이를 두려워하고 차라리 죽기를 바라는 마음을 동정심 뒤에 감춘다는 것입니다.

결국 동정심의 바탕에는 장애에 대한 거부감이 깔려 있다고 보고, 동정심이 "사실은 증오의 숨겨진 뒷면"이라고 주장합니다.[7] 어쩌면 시몬느 소스의 주장을 받아들이기는 어려울 수 있습니다. '설마 그렇게까지 장애인에 대해 부정적으로 생각하는 사람이 있을까?' 싶은 마음이 들 것입니다. 하지만 우리의 감정은 온전히 나만의 것이 아닐 수 있습니다. 사회적인 배경과 맥락에서 나도 모르게 형성되었을 가능성이 있으므로 면밀하게 살펴야 합니다.

수급자다움, 장애인다움?

복지 제도와 정책 역시 대부분 온정주의에 바탕을 두고

7 『시선의 폭력』, 시몬느 소스, 한울림스페셜.

있습니다. 그래서 장애인을 비롯한 사회적 약자들은 심한 수치심을 경험하며 자존감을 다치기도 합니다. 가령, 장애인에게 일자리를 주기 위한 제도가 시행되고 있지만 실제로 일할 기회가 주어지지 않고 별다른 역할이 없이 시간만 때우게 만드는 경우가 있습니다. 이 경우 바쁘게 일하는 사람들 속에서 우두커니 지내야 하는 장애인은 난처해집니다. 자신의 의지와는 상관없이 무능력하고 쓸모없는 사람임을 만천하에 드러내게 됩니다. 그 과정에서 자존감에 손상을 받을 수밖에 없고요.

우리는 사회복지 기관의 행사에서 "저소득가정 자녀 후원 행사"라든가 "불우이웃돕기 김장 나눔" 같은 현수막을 흔히 봅니다. 당사자들은 그 현수막 앞에서 사진을 찍어야 합니다. 사업을 했다는 증빙이 필요하니까요. 그리고 그 사진들은 홈페이지에도 올라갑니다. 외부에 사진이 공개되는 순간 당사자들은 저소득층이거나 불우한 이웃이라고 만천하에 광고를 하게 되는 것입니다. 당사자들이 과연 그것을 원할까요? 지원을 받았다고 해서 자신의 처지를 모두에게 공개하며 수치심과 모욕감을 반드시 감수해야 하는 것일까요? 온정주의는 시혜를 받는 사람에게 낙인을 찍는 효과를 낳습니다.

사례는 또 있습니다. 우리나라에는 국민기초생활보장제도

가 있는데, 이 제도에서 시행하는 급여를 받는 사람들을 가리켜 '수급자'라고 합니다. 그런데 수급자들은 정부의 지원을 받는다는 이유로 여지없이 사람들에게 손가락질당하고 가난을 형벌로 여기게 됩니다. 즉 가난한 것은 개인의 무능과 게으름 때문이니 인권과 기본적 자유를 제한받을 수 있다는 생각이 널리 통용되고 있는 것입니다.

가난한 사람들은 세금을 내는 다른 국민들과 동등한 사람이 아니라서 손가락질받는 것이 당연하며 동정의 대상으로 대우받는 것도 당연하게 여겨지고 있습니다. 가령 수급자가 비싼 스마트폰을 사용하거나 브랜드 옷 또는 신발을 신는 경우 "나라에서 주는 돈으로 사는 수급자 주제에" 남들과 똑같이 산다는 비난을 받게 되는 것입니다.

장애인에게 '장애인다움'을 요구하는 것처럼, 수급자 역시 '수급자다움'을 강요받고 있는 것입니다. 수급자이면서 눈에 띄는 장애까지 가지고 있다면 그 억압은 이중 삼중으로 심하게 작동하게 됩니다.

2015년에 장애인 기초생활수급자가 받는 사회 억압에 대한 연구[8]가 발표되었습니다. 연구자들에 따르면 우리 사회에서 장애인 수급자가 중산층의 문화 취향 중 하나로 인식되고 있는 해외여행을 갈 경우 문제로 인식된다는 것이었습니다.

장애인 수급자에게 해외여행은 사회 억압의 이중 구속으로 작용합니다. '장애인다움'에 어긋나지 않으려면 장애인은 집 밖에 나와 비장애인에게 피해를 주어서는 안 됩니다. '수급자다움'에 어긋나지 않으려면 국가 지원으로 살아가고 있으니 늘 검소하게만 지내야 합니다. 장애인이면서 수급자인 이들은 이 두 가지 '다움'을 다 만족시켜야 합니다. 장애인 수급자를 통해 사회 불평등이 재생산되지 못하도록 하는 방안이 필요하다는 저자들의 주장은 참으로 중요한 문제의식입니다.

온정주의의 더 근본적인 문제는 국가가 개인 대 개인의 시혜와 동정에 기대어 복지 문제를 해결하려 하고, 제도적인 노력을 게을리하면서 정당한 요구를 잠재우는 역할을 한다는 것입니다.

복지는 착한 개개인들의 선행으로 해결하기에 분명 한계가 있습니다. 그런데도 온정주의는 장애인들이 자신을 억압하는 지배 문화에 대항하고 정당한 권리를 요구하는 데 걸림돌로 작용합니다. 분명한 것은 많은 사람들이 원하고 좋아하는 '착

---

8 '장애인 수급자다움'이라는 아비투스 형성에 관한 연구 : 장애인 기초생활수급자의 해외여행 사례를 중심으로, 박홍근과 허준기, 2015 장애의 재해석, 한국장애인재단.

한 장애인'들은 장애를 차별하고 억압하는 지배 문화를 바꾸고 장애인도 사람답게 살 수 있는 세상을 만들 수 없다는 점입니다. 그래서 우리 사회에는 아직 '나쁜 장애인'이 필요합니다. 나쁜 장애인이 우리 사회를 차별 없는 사회로 바꿀 수 있으니까요.

몸도
불편한데
왜 돌아다녀?

　저는 소아마비를 앓은 뒤 그 후유증으로 지체 장애를 갖게
되었습니다. 질병이 원인이 되어 장애를 갖게 된 것이지요. 그
러나 걷는 데 어려움이 있을 뿐 다리가 아프지는 않았습니다.
　초등학교 입학을 앞두고 처음 목발을 짚었습니다. 그전까
지는 누군가 업어 주지 않으면 문밖에 나갈 수 없었습니다. 처
음엔 목발 짚는 게 서툴러 하루가 멀다하고 넘어졌어요. 무릎
이 언제나 상처투성이였습니다. 상처가 채 아물기도 전에 다
치고 또 다치고……. 그런 저를 안쓰럽게 여긴 가족들은 "또
넘어졌어?" "그러게 집에 있으라니까……." 말하곤 했습니다.
　소풍날마다 어머니는 물었습니다.

"넌 집에 있는 게 낫지?"

다른 대답을 할 수가 없었습니다. 선생님이나 친구들에게 짐이 될까 봐 포기하는 쪽을 순순히 받아들였습니다. 운동회와 수학여행도 마찬가지였지요. 참 이상하고 속상한 일이었습니다. 제가 집에 가만히 있겠다고 하면 아무 일이 벌어지지 않아요. 그러나 움직이겠다고 하면 일이 복잡해지고, 주변 모두에게 폐를 끼치게 되었습니다. 미안한 마음이 들었습니다. 그래서 가고 싶어도 가지 않겠다고, 해 보고 싶어도 하지 않겠다고 말하는 쪽을 택했습니다. 사람들이 보기에 나는 가만히 있는 것을 좋아하는 얌전한 아이였습니다.

위험하다며 태워 주지 않던 버스

고등학생 때는 버스를 타고 학교에 다녔습니다. 그때 버스를 타려고 하면, 버스 문이 내 앞에서 탁 닫혀 버리기 일쑤였습니다. 양쪽에 목발을 짚은 제가 버스에 타면 위험하다고요. 그렇게 날마다 거부당하고, 배제당하는 것이 일상이었습니다.

버스 기사나 승객들, 심지어 길 가는 행인에게조차 "그 몸으로 집에나 있지." 하는 소리를 수도 없이 들었습니다. 그러나 비장애인들의 눈에 띄지 않고, 그들에게 행여 불편을 줄까 봐 집안에만 갇혀 있기에는 내 인생이 너무 소중했습니다. 그래서 이를 악물고 대중교통을 이용해 학교에 다녔습니다. 가만히 있기에는 세상에 신기한 것도 많고 재미있는 일도 참 많았습니다. 학교와 집 밖의 세상으로 조금씩 활동 범위를 넓혀 나갔습니다. 그리고 닥치는 대로 책을 읽으며 세상 온갖 것들로 관심과 호기심의 대상을 넓혀 나갔지요. 만일 모두의 바람대로 가만히 있었다면 나는 지금과는 완전히 다른 어른이 되었을 것입니다.

마흔이 넘어 결혼을 했습니다. 그리고 아이가 태어났어요. 아이와 함께하는 삶은 겪어 보지 못한 것투성이였습니다. 저는 아이를 안고 움직일 수도 없고, 업을 수도 없었습니다. 그래서 아이가 태어나고 6개월이 넘을 때까지, 문밖에 나가지 못했습니다. 그리고 아이와 함께 외출해서 들은 엄청난 소리들이 지금도 귀에 쟁쟁합니다.

"몸도 불편한데 집에 가만히 있지, 아이까지 데리고 왜 나온 거예요?"

"자기도 성치 않으면서 애는 왜 낳았어요?"

저야 어릴 때부터 늘 듣던 말이니 괜찮지만, 아이가 그 말을 함께 듣게 된 것이 참담했습니다. 그 사람들은 자신들이 얼마나 큰 폭력을 저지르는지 알지 못하겠지요.

장애인도 출근합니다

사람들은 쉽게 말합니다, 세상 참 좋아졌다고. 특히 장애인에 대한 혜택이 많아져 살기가 무척 좋아졌다고들 합니다. 그런데 장애인 입장에서는 사, 오십 년 전이나 지금이나 크게 달라진 것 같지가 않아요. 쇠사슬을 묶고 선로에 내려가 처절하게 저항한 결과 지하철 엘리베이터가 생겼어도 장애인들은 여전히 "왜 돌아다니느냐?"는 소리를 듣습니다.

제가 활동하고 있는 단체인 〈장애여성네트워크〉에 전동스쿠터를 타고 지하철로 출퇴근하던 이십 대 여성 활동가가 있었습니다. 어느 날 그 활동가가 울면서 출근을 했습니다. 지하철 안에서 어떤 할아버지에게 맞았다는 것이었어요. 깜짝 놀라 어떻게 된 일인지 물었습니다.

"아, 글쎄 웬 할아버지가 스쿠터 탄 저를 보더니 '바쁜 출근 시간에 왜 돌아다니고 그래?' 하시는 거예요. 그런 말이야 처음 듣는 것도 아니잖아요? 그래서 '저도 출근하는 거예요.' 그랬더니, '아니, 웬 말대답이야!' 그러면서 갑자기 머

장애 여성이라는 이유로
함부로 대하는 사람들 때문에
전동스쿠터에 써 붙인 글귀.

리를 때리는 거예요. '네까짓 게 무슨 출근이야? 거짓말하
지 마!' 그러면서요. 기가 막혀서."

장애인에게도 이동의 자유가 있습니다. 출근을 하든 놀러
가든, 지하철을 타든, 스쿠터를 타든 이동할 권리를 누릴 자
격이 있습니다. 그런데 그 어르신은 장애인이 '쓸데없이' 돌아
다니는 게 보기 싫었던 것입니다. 장애인이 직장에 다닌다는
것은 상상도 할 수 없는 일이었나 봅니다. 그러니 거짓말을 한
다고 여겨 화가 났을 것입니다. 버릇없는 장애인을 때려서라
도 가르쳐야 한다는 생각을 했을지 모릅니다. 또 모자란 장애
인을 가르치기 위한 폭력은 괜찮다고 믿었을 것입니다.

"그 할아버지뿐 아니에요. 제가 타고 다니는 스쿠터에 웬
관심들이 그렇게 많은지, '아가씨, 이거 얼마야?' 대뜸 반말
로 묻는 사람이 열에 여덟이에요. 처음에는 대꾸도 해 주

고, 정부 지원금 얼마에 자기 부담금 얼마라는 것까지 대답했어요. 근데 그것도 한두 번이지, 자꾸 그러니까 이건 아니다 싶더라고요. 그래서 제가 '가격 묻지 마라. 짜증난다.' 써 붙였잖아요. 여자라고, 그것도 장애인이라고 낮춰 보는 시선들이 엄청 짜증나서요. 그 메모 덕분에 사람들이 기겁했는지, 이젠 말 거는 사람이 거의 없어요."

메모를 본 사람들은 무서워서 말도 못 붙이겠다고, 뭐 이렇게까지 할 필요가 있느냐고, 너무 과격해 보인다고 했어요. 개중에는 통쾌하다는 이도 물론 있었습니다. 되바라져 보인다 해도 상관없습니다. 처음 보는 사람에게 반말지거리 들으면서 기분 나쁜 것보다 훨씬 나으니까요. 아무리 여성이라고 해도, 비장애인 성인 여성에게 대뜸 반말로 말을 거는 사람은 많지 않습니다. 여성이면서 장애인인 그이에게 반말로 묻는 그들은 자신들의 행위가 폭력일 수 있고, 공격일 수 있다는 생각을 하지 못하나 봅니다. 가족 중에 장애인이 있어서 그런 전동스쿠터를 장만해 주고 싶은 이들은 공손하고 예의 바르게 묻습니다. 그렇게 대뜸 반말지거리 하지 않습니다.

전동스쿠터를 신기하게 쳐다보는 비장애인들 중에는 '야, 세상 좋아졌어. 장애인이 이런 걸 타고 돌아다니네?' 싶은 마음도 있을 것입니다. 그런 태도나 말은 장애인 당사자를 화나게 합니다. 장애인이라고 볼일이 왜 없겠어요? 볼일이 없다고 해도 그렇지요. 목적 없이 돌아다니든 말든, 일이 있어서 돌아다니든 말든, 그게 왜 참견할 이유가 되느냔 말입니다. 도대체 왜 그렇게 장애인에게 참견하고 싶어 하고, 가르치고 싶어 할까요? 장애가 있다고 해서 정신 연령까지 어린 것이 절대 아니란 것을 모르기 때문입니다. 인정하고 싶지 않기 때문입니다.

존재하지만 보이지 않는 사람들

———

과연 장애인은 쓸모가 없는 존재일까요? 쓸모가 있고 없고는 누가 정하는 걸까요? 어떤 쓸모가 제대로 된 쓸모일까요?

사실 장애인을 쓸모없는 존재로 취급하게 된 역사는 그리 길지 않습니다. 근대 이후 자본주의가 생겨난 이래 생산성과 효율성을 잣대로 사람을 판단하게 된 후부터 장애인이 쓸모 없는 존재로 평가절하되기 시작한 것입니다. 오로지 이윤을 창출할 수 있느냐 없느냐가 인간으로서 존중받을 수 있는지 없는지의 기준이 된 것입니다. 그 때문에 장애인은 사람의 범주에서 제외되고 지역사회와 격리된 채 시설에서 제3자의 관리를 받으며 살아가는 특별한 존재 취급을 받게 되었습니다.

장애인이 비장애인과 분리되어 시설에 격리되게 된 배경은 근대 이후 팽배했던 과학에 대한 맹신과 관련이 깊다고 합니다. 근대 이후 의학이 발달하면서 과학자들은 어떤 질병도 과학의 힘으로 치료할 수 있다는 맹목적인 믿음을 갖게 되었습니다. 그런 믿음을 수시로 깨는 존재가 바로 장애인이었어요. 장애인이 돌아다니는 것 자체가 자신들이 철통같이 믿고 있는 과학이 신뢰할 만한 것이 못 된다는 사실을 일깨워 주는 증거였으니 말입니다. 그로 인해 의사들을 비롯해 근대적인 맹신을 갖고 있던 과학자들은 일상에서 장애인이 눈에 띄지 않기를 바랐고, '시설로 격리'하는 방식을 택했습니다.

과학자들을 비롯한 지배 계층의 신념은 알게 모르게 우리가 살고 있는 현 시대의 장애 문화에 깊은 영향을 미치고 있습니다. 그 신념이 사람들에게 영향을 미쳐 장애인은 돌아다니지 말고 집에 있거나 시설에서 지내야 한다고 생각하게 만든 것입니다.

장애인에게 '왜 돌아다니느냐?'고 말하는 것은 혐오 표현입니다. 장애인도 비장애인과 마찬가지로 돌아다닐 이유와 권리가 있습니다. 아무도 장애인에게 돌아다니지 말고 집에만 있으라고 강요할 권리는 없습니다. 장애인을 가족과 친구, 이웃들에게서 떼어 놓고 추방하려는 **나쁜 의도를 지닌 자**만이 그런 짓을 할 수 있습니다.

　"아니, 나는 그런 게 아니라 힘들어 보이니까 그렇지." 하고 변명하는 이들이 있습니다. 그 역시 장애인에 대한 모욕입니다. "장애인 주제에 싸가지없이 말대답 한다"며 흥분하는 것 역시 장애인이 자기 목소리를 내지 못하도록 하려는 억압입니다. 장애인을 동등한 인격체로 보지 않고 함부로 취급하는 행위는 없어져야 합니다.

혐오 표현을 어떻게 처벌할까?

혐오 표현은 보통의 비난, 욕설과 다릅니다. 혐오 표현은 누군가를 비난하거나 모욕할 때 차별을 정당화하고 조장하거나 강화하는 효과가 있기 때문입니다. 그런데도 현행법과 제도로는 처벌이 어렵습니다. 명예훼손죄와 모욕죄로 형사처벌을 받거나 민사상 조치가 이루어지는 경우도 간혹 있습니다. 그러나 어느 한 사람의 장애인이 아니라 장애인 집단 전체를 가리켜 혐오 표현을 할 경우에는 실제로 처벌하기가 어렵습니다.

장애인차별금지법이라는 법률에는 학교·시설·직장·지역·사회 등에서 장애 혐오 표현을 하면 형사처벌할 수 있다고 되어 있습니다. 하지만 집 안과 같이 다른 사람이 보지 않는 곳에서 이루어지는 경우 법을 적용하기가 어렵습니다. 그래서 혐오 표현을 규제하고 처벌할 수 있는 법률이 필요하다는 의견이 나오고 있습니다. 법률이 마련되기는 쉽지 않습니다. 어디까지가 혐오 표현이고 어디까지 혐오 표현이 아닌지 규정하기가 쉽지 않기 때문입니다.

무엇보다 사람과 사람의 관계를 좌우하는 데 있어 법률은 최후의 수단일 뿐입니다. 법률로써 옳고 그름, 잘잘못을 가리기 이전에 일상에서 서로를 존중하는 것이 중요하다고 봅니다. 그러기 위해서는 우리 스스로 민감성을 갖고 오프라인·온라인상에서 혐오 표현을 하지 않으려고 노력해야 합니다.

3
장애인이
무서워요

'서울커리어월드 사태'를 기억할지 모르겠습니다. 2015년에 〈발달 장애인 직업개발훈련센터〉를 세우는 것을 두고 동대문구 제기동 성일중학교 일대가 떠들썩했습니다.

과정은 이렇습니다. 성일중학교가 45학급에서 15학급으로 학급이 줄면서 사용하지 않는 건물이 생겼습니다. 그래서 〈서울시교육청〉에서는 건물을 리모델링해 〈한국장애인고용공단〉과 함께 〈서울커리어월드〉를 세우겠다고 했습니다. 〈서울커리어월드〉는 학령기를 지난 성인 발달 장애인에게 평생교육 과정을 제공하는 기관입니다. 14개의 직업 체험 실습실과 4개의 테마 존으로 구성될 예정이었지요. 교육청에서는 주민 설명회를 세 차례 연 뒤 2014년 9월 21일 착공에 들어갔습니다. 그러나 일부 주민의 반발로 어려움을 겪게 되고 공사는 곧 중단되기에 이르렀습니다.

교육청과 공단에서 주민들을 설득하기 위해 2015년 10월 6일 주최한 제4차 주민 간담회에서 지역 주민들은 "야! 너네 집에다 갖다 차려!" "물러가!"라고 항의했습니다. 장애 비하 발언도 서슴지 않았어요.

"이게 신체가 아니고요, 정신이 지체면 이건 좀 다르다고 보거든요? 그리고 만약 비가 왔어, 회까닥 갔어. 그럼 누가 책임질 거냐고요?"[1]

급기야 11월 2일에 열렸던 6차 주민 설명회에서 장애인 부모와 반대 측 주민들이 서로 무릎을 꿇으며 읍소하는 모습이 언론에 보도되면서 이 사안에 국민의 관심이 집중되었습니다. 이 자리에서 〈커리어월드〉 설립을 반대하는 한 주민은 울음 섞인 목소리로 말했습니다.

"우리 아이는 아직 어립니다. 우리 아이에게 왜 고등학교 아이를 감당하게 합니까? 우리 아이가 접하게 될 두려움과

---

1 사회의 부끄러운 민낯 '서울커리어월드', 『에이블뉴스』, 2015년 12월 30일.

정릉천 경사로 난간에 걸려 있던 현수막. 『에이블뉴스』, 2015년 11월 16일.

공포를 어떻게 해결해 줄 겁니까?"[2]

주민들은 '중학교 안에 중학생 이상의 연령대가 들어오는 것'은 위험하다는 표현을 했습니다. 〈커리어월드〉에 다니게 될 장애 학생들은 중학생 이상이라 하지만 고등학생 나이거나 많다 해도 고교 졸업 후 2년 이내의 연령인데 왜 그토록 부정적인 감정을 표현했을까요?

주민들은 발달 장애인이 욕구를 조절하지 못하기 때문에 남녀공학에 중학생 이상의 연령대가 들어오는 것은 위험하다

<hr>

2 커리어월드 사태, 진정 주민들을 불안케 한 것은 무엇이었나?, 『비마이너』, 2015년 12월 22일.

는 생각을 갖고 있었던 듯합니다. 그래서 딸을 둔 부모들은 특히 불안해했던 것으로 짐작됩니다. 실제로 한 주민은 간담회에서 "예측 불가능한 발달 장애인의 돌발 행동은 여자아이의 부모로서 너무나 걱정되고 무서워요."라고 했다고 전해집니다. 아이들의 놀림을 받은 발달 장애인이 혹시라도 자신의 자녀들을 공격할 수도 있다고 여기는 것입니다.

평소 장애인을 접할 기회가 많지 않은 사람들이 장애인을 무서워하는 심리는 새삼스러운 게 아닙니다. 장애인은 오래전부터 공포의 대상이었어요. 우리는 낯선 존재에 대해 이질감을 느끼고 가까이 다가가려 하기보다는 경계하고 밀어내는 경향이 있습니다. 게다가 언론에서는 툭하면 정신장애인이 범죄를 일으켰다느니 지적 장애인이 가족을 살해했다느니 떠들며 장애인에 대한 공포심을 과장하기에 급급하거든요.

모르면 무섭다

발달 장애인에 대한 공포심을 자극한 사건 중 하나로 '상윤이 사건'을 들 수 있습니다. 2014년 12월 부산의 한 사회복지관에서 발달 장애를 갖고 있는 열아홉 살 A군이 약 10미터쯤

되는 3층 건물 위에서 두 살 아기인 상윤이를 던져 사망에 이르게 했다고 합니다. 피해자인 상윤이의 어머니가 A군이 자신을 보고 미소를 지으며 아이를 집어 던지는 모습을 목격했다고 전해져 많은 사람들을 충격에 빠트렸습니다.

상윤이 어머니는 가해자 가족에게 사과도 못 받고, 사회복지관에서도 책임을 회피한다며 블로그에 글을 올렸습니다. 이에 언론은 가해자인 발달 장애인을 악마로 만들었습니다. 기사에 달린 댓글들은 처참했어요. "장애인이라고 봐주면 안 된다"는 기본이고, "장애인 다 죽여야 한다"는 댓글까지 달렸습니다. 이 사건을 지켜본 대다수의 부모들이 장애인 주변에 아이가 다가가지 않도록 조심해야겠다는 생각을 하게 된 것은 지극히 당연해 보입니다.

장애인, 특히 발달 장애인들은 그동안 숨겨진 존재였습니다. 가족 중에 발달 장애인이 있으면 시설로 보내거나 쉬쉬하며 집 안에서만 생활하게 했으니까요. 이는 발달 장애인이 사회 활동을 할 수 없어서가 아니라 사회 활동을 할 수 있을 만큼 사회 서비스와 환경이 갖춰져 있기 못했기 때문입니다. 또한 대부분의 사람들이 장애인에게 낙인을 찍고 손가락질해 왔기 때문입니다. 그 결과 우리 주변에서 발달 장애인은 쉽게 눈에 띄지 않았고 발달 장애인을 접해 볼 기회도 없고 **발달 장애**에

🗨 발달 장애

　발달 장애는 인지적 제한으로 인해 개념적·사회적·실행적 어려움을 가지고 있는 장애를 말합니다. 보건복지부 장애인 실태 조사에 의하면, 우리나라에는 2019년 기준으로 24만 2천 명의 발달 장애인이 있습니다. 전체 장애인의 9.2퍼센트에 해당하지요. 그런데 18세 미만 아동의 경우 발달 장애인이 64.1퍼센트로, 그 비중이 높습니다.

　발달 장애는 크게 지적 장애와 자폐성 장애로 나뉩니다. 지적 장애는 지능 지수가 낮아서 사람들과 소통하거나 일상생활을 스스로 챙기기 힘든 장애를 말합니다. 지적 장애인에게 자신을 계발할 기회를 충분히 주기만 한다면 비장애인들과 크게 다르지 않게 살아갈 수 있습니다.

　자폐성 장애는 주로 세 살 이전에 장애가 발생해 다른 사람들과 어울리고 의사소통하는 데 어려움을 겪는 장애입니다. 자폐성 장애인 중에는 감각 자극에 극도로 민감한 사람이 있으며, 변화를 싫어하고, 같은 것만 하려고 고집하기도 합니다. 심한 경우 소리를 지르거나 자신과 타인의 신체에 위해를 가하기도 합니다. 이런 행동들을 보일 때는 그 이면에 표현되지 못한 생각이나 마음이 있을 수 있으므로 발달 장애인 입장에서 이해하려는 노력이 필요합니다. 가령, 반복된 행동을 하거나 순서화된 행동을 하는 것은 스스로 안정감을 갖기 위한 행동일 수 있으므로 존중해 주어야 합니다. 또 불편하고 불안정한 행동을 할 때는 안정감을 갖기 위해 무엇이 필요한지 보호자 또는 조력자와 함께 방법을 찾고 지원해 주어야 합니다.

발달 장애인과 대화할 때는 이해하기 쉬운 말로 구체적으로 표현하며 반복해서 말해 주면 좋습니다. 예를 들어 "잠깐 기다리세요." 하고 말하기보다 "5분만 기다려 주세요." 하고 말하는 것이 낫습니다. 그리고 "이쪽" 또는 "저쪽" 식으로 애매하게 표현하기보다 "오른쪽", "왼쪽" 식으로 분명하게 표현하면 대화에 도움이 됩니다. 한꺼번에 여러 가지를 말하면 혼란을 줄 수 있으므로 한 번에 한 가지씩 전달하고자 하는 바를 간결하게 말하는 것이 좋습니다.

대해 잘 알지도 못하는 대부분의 사람들은 발달 장애인에 대해 막연한 두려움을 갖게 되었습니다.

언론은 장애에 대한 최소한의 이해와 고민도 없이 자극적인 보도를 함으로써 그 막연한 두려움에 기름을 붓는 역할을 꾸준히 해내고 있습니다. 누구보다도 정확한 정보와 이해를 바탕으로 기사를 내보내야 하는데도 언론은 장애인을 포함한 소수자들에 관한 보도에서 몰지각하고 무책임한 태도를 자주 보이고 있습니다.

상윤이 사건으로 사람들은 막연했던 두려움과 공포심이 현실로 다가오는 느낌을 받았을 것입니다. 자신들이 느껴 왔던 막연한 두려움과 공포가 터무니없었던 것이 아니었으며 근거가 있었던 것이라고 믿게 되었을 것입니다. 결국 "장애인은 위험하다", "장애인은 무섭다"는 잘못된 신념이 발달 장애인 학부모들의 직업 교육에 대한 열망 앞에서 극단적인 방향으로 분출되기에 이른 것입니다.

위험하고 무서우니 멀리해야 한다는 혐오 감정은 다른 어떤 것과 비교할 수 없을 만치 강력하고 지독합니다. 무서워서 못 살겠다는데 더 무슨 말이 필요할까요? 혐오 감정 앞에서는 조금의 타협점도 있을 수 없기에 결국 그 앞에서 발달 장애인의 교육 권리는 무력할 수밖에 없습니다. 급기야 발달 장애인 학부모들은 주민들 앞에서 무릎을 꿇었습니다. 당연한 권리를 주장하면서 무릎까지 꿇어선 안 되는 거였다 비판하는 이들도 있습니다. 그러나 학부모들에겐 달리 방법이 없었을 것입니다.

발달 장애인에 대한 잘못된 신념을 유포한 당사자인 언론은 이제 비판의 화살을 주민들에게 돌립니다. 지역이기주의라는 것입니다. 그런데 중요한 것은 지역이기주의라고 몰아붙인다고 문제가 해결되지는 않는다는 점입니다. 오히려 애꿎은 희생자만 늘어날 뿐입니다. 언론은 장애인을 괴물로 만들다 문제가 심각해지니 지역이기주의로 몰아갔습니다. 기회주의적 태도입니다. 왜 사람들이 장애인을 무서워하며 위험하다고 여기는지 심층적으로 파헤치고 장애인이 무섭지도 위험하지도 않다는 점을 설득력 있게 전달하려는 노력이 아쉽습니다.

그리 위험하지는 않지만
혹시 위험할지도 모르니

———

발달 장애인에 대한 공포심은 장애인을 지원하는 사람들

이나 기관에서도 종종 드러납니다. 2019년 8월의 일이었습니다. 자폐성 장애인이 보호자와 함께 〈서울시설공단〉에서 운영하는 장애인 콜택시 보조석에 타려고 했습니다. 그러자 운전기사가 위험하다며 태워 주지 않았습니다.

그해 12월 19일 한 장애인 단체에서 '발달 장애인의 보조석 탑승 거부는 선택권을 제한한 차별'이라며 〈국가인권위원회〉에 진정을 했습니다. 하지만 〈국가인권위원회〉는 장애인 차별 행위에 해당하지 않는다고 보고 2020년 6월 29일 기각 결정을 내렸습니다. 일단 "탑승 시 어느 좌석에 앉을 것인지는 자기 결정권의 한 영역으로 존중되어야 하고, 비장애인들의 욕설이나 폭행 등의 사건들과 비춰 보아도 특별히 위험하다고 볼 만한 사정은 없다"고는 하였습니다. 그러면서도 "장애인 콜택시의 기본 목적이 편리하고 안전한 이동 편의 제공이라는 측면에서 볼 때 발생할 수 있는 위험을 제거해야 하는 책임이 특별 교통수단 운영자에 있다는 점에서 이는 이동을 거부하거나 제한하였다고 보기는 어렵다."는 것이 기각 이유였습니다. 한 마디로 이동을 못 하게 한 것은 아니므로 차별이 아니라고 본 것입니다.

하지만 〈국가인권위원회〉가 차별이 아니라고 판단한 근거는 논리적으로 모순됩니다. 어느 좌석에 앉을지는 자기 결정권이므로 존중해야 합니다. 그런데 장애인이 비장애인보다 특별히 위험하지는 않다면서 혹시 위험한 상황이 벌어질지도 모르니 보조석 탑승을 거부해서 자기 결정권을 제한해도 된다고 결론 내린 것이니까요. 이 결정으로 〈국가인권위원회〉는 오히려 발달 장애인이 위험하다는 잘못된 인식을 확산시키는 데 기여한 셈입니다.

물론 발달 장애인의 경우 도전 행동으로 인해 자칫 운전에 집중하지 못하는 상황이 벌어질 수도 있습니다. 그러나 모든 발달 장애인이 늘 위험한 행동을 하는 것은 아닙니다.

그리고 비장애인의 경우에도 위험한 행동으로 운전자를 위협하는 사례는 얼마든지 있습니다. 음주를 하고 운전자를 위협한 사례가 있다고 해서 술 마신 사람을 보조석에 태우지 않아도 되는 규정은 어디에도 없다고 알고 있습니다.

장애인 단체 활동가들은 비장애인이나 다른 유형의 장애인에 대해서는 보조석 탑승을 허용하면서 유독 발달 장애인만 보조석 탑승을 거부하는 것은 명백한 차별이라며 분통을 터트렸습니다. 발달 장애인에게만 유독 엄격한 잣대를 들이대는 것은 발달 장애인을 무서운 존재, 위험한 존재로 보는 시각이 깔려 있기 때문일 것입니다. 이런 혐오 표현은 장애인 중에서도 특히 정신적 장애를 갖고 있는 사람들에 대해 더

심하게 나타납니다. 겉으로 보이지 않는 장애라서 더 두려운
것일까요?

장애에 대해 잘 모르는 사람들이 갖는 혐오의 감정은 어느
정도 이해할 수 있습니다. 그러나 장애인을 보호하고 지원해
야 할 사람들, 장애인의 인권을 보장해야 할 기관에서조차 장
애인을 멀리하거나 회피하고 있으니 아직 갈 길이 멀어 보입
니다.

사람들을 놀라게 하는 차이

이처럼 장애인은 자주 공포의 대상으로 인식됩니다. 제가
어릴 적 직접 접해 본 장애인은 6·25 전쟁에 참전했던 상이군
인들이었습니다. 그들은 갈고리가 달린 팔과 잘려 나간 다리
에 나무로 된 지팡이를 짚으며 험상궂은 표정으로 동네를 휘
젓고 다녔습니다. 나라를 위해 목숨을 걸고 전쟁터에 나가 장
애인이 되었지만 국가로부터 아무런 보상을 받지 못하고 살
길이 없어지자 여럿이 몰려다니며 무언가를 요구했습니다. 동
네 아이들은 "야! 상이군인 온다!" 하면서 집 안으로 숨어들
어와 벌벌 떨었습니다. 전쟁으로 폐허가 된 국가가 국가유공

자들을 돌볼 여력이 없었던 상황에서 그분들이 취할 수 있는 최후의 선택이었을 것입니다. 장애가 있는 저에게조차 그 모습은 오래도록 무서운 기억으로 남아 있습니다.

> 우리가 만나는 사람들은, 그들이 아무리 우리에 대한 생각을 떨쳐 버리고 외면하고 싶어 해도 우리의 장애 상태만큼은 잊지 못한다. 손상되고 변형된 신체는 처음에는 모든 사람들을 놀라게 하는 차이다. 그런 신체는 틀림없이 본능적인 거부감을 유발하고 불안감을 초래한다.
>
> ⊙『장애, 문화, 정체성』,「일상적 거부 : 억압과 저항의 일상화」, 닉 왓슨, 한국장애인재단, 2012.

특별히 장애인에 대한 기억을 구체적으로 갖고 있지 않은 사람들조차도 장애인에 대한 이미지는 매우 부정적입니다. 우리가 흔히 접할 수 있는 매체에서 장애인을 부정적 이미지로 그리고 있기 때문일 것입니다.

동화《피터팬》에 나오는 후크 선장을 생각해 봅시다. 해적 두목인 후크는 한쪽 눈을 잃은 시각 장애인이면서 한쪽 손과 다리를 잃고 의수와 의족을 착용한 지체 장애인입니다. 목적을 위해서는 수단과 방법을 가리지 않고 피터팬을 괴롭히는

악한 인물로 그려진 후크 덕분에 공포에 떨었던 경험을 가진 어린이가 많을 것입니다.

이런 매체를 통해 악한 장애인 이미지를 접한 아이들은 "장애인=나쁜 사람"이라는 등식을 각인시킵니다. 그러한 이미지가 관습적으로 확대 재생산되면서 사람들의 인식에 점차 확고히 자리 잡게 됩니다.

우리가 아니라 '그들'이어서 무섭다

장애를 주제로 한 소설 중에서 극도의 공포감이 느껴지는 것으로 공지영의 『도가니』가 있습니다.

『도가니』는 소설 하나로도 얼마나 강력한 사회적 반향을 일으킬 수 있는지 충분히 입증해 낸 작품이었습니다. 작가 공지영은 강인호라는 인물을 통해 자애학교의 현실을 그려 냈습니다. 강인호는 청각장애 학생들에 대한 특별한 봉사 정신이나 사명감도 없이 그저 먹고살기 위해 오천만 원의 기부금을 내고 교사가 된 부정한 인물입니다. 그런 강인호가 보기에도 자애학교는 문제가 많아도 너무 많은 학교였습니다.

저는 『도가니』를 읽는 내내 불편했습니다. 그리고 왜 불편했는지에 대해 곰곰이 생각해 보았습니다. 그것은 아마도 소설 전체의 분위기가 '분노'가 아니고 '공포'에 휩싸여 있기 때문이 아닐까 싶습니다. 이 책을 읽은 독자들이 장애를 공포스럽게 받아들일까 봐 걱정됐습니다.

대부분의 사람들에게 장애는 공포, 혹은 불행의 상징으로 이미 각인되어 있습니다. 거기에다 이 소설 속 자애학교와 그곳의 아이들은 보통 사람들과는 완전히 구분되는 공간에서 끔찍한 상황에 처해 있는 것으로 그려져 있습니다. 문제는 그 끔찍한 상황에 처해 있는 아이들과 그것을 가까이서, 혹은 멀리서 바라보는 사람들 사이의 거리감에 있는 듯싶습니다.

그러한 공포는 거리를 두고 바라보는 자들의 감정이지, 바로 그 치열한 공간 한가운데 몸담고 있는 자들의 감정이 아닙니다. 소설 속 주인공 강인호의 공포와 작가 공지영의 공포 역시 마찬가지일 것입니다.

하지만 성폭력과 구타, 살인을 당한 청각장애 학생들에게는 자신들에게 고통을 가하는 악의 무리들에 대한 미움과 분노, 어떻게든 그들로부터 벗어나야 한다는 절박감이 더 큰 진실일 것입니다. 그러므로 아이들은 분노하고 절규하지만 강인호는 공포를 느꼈던 것이고, 강인호의 공포가 소설을 읽는 이들에게 흡입력 있게 전달되지 않았을까 짐작됩니다.

『도가니』라는 소설은 적어도 사건이 일어날 때마다 쉽게 분노하다가 금세 잊어버리곤 하는 사람들에게 오래도록 각인될 수 있게 했다는 점에서 수작임에 틀림없습니다. 그러나 이런 현실 앞에서 분노보다 공포가 앞서는 것은 장애인을 아직도 진정한 이웃으로 받아들이지 못했기 때문이라고 봅니다. 나와는 상관없는 남의 문제로 여기기 때문에 무서워하는 것입니다. 공포는 지금도 진행 중인 장애인 학대의 현실을 잊게 하고, 거리를 두게 만듭니다. 이처럼 사람들이 장애인을 무서워하고 심지어 무서워하는 까닭은 뿌리 깊은 혐오 때문입니다.

실제 장애인에게 위험을 느껴서 무서워하는 것이 아닙니다. 사람들은 잘 모르는 어떤 대상에 대해 아예 알고 싶어 하지 않습니다. 그저 밑도 끝도 없이 무서워합니다. 무서우면 밀어낼 수 있고 그러다 보면 위험할 일도 없습니다. 그래서 혐오는 위험으로부터 자신을 지켜 줄 수 있는 유용한 도구가 될 수 있습니다. 하지만 위험은 원래 없었던 것일 가능성이 높습니다.

그러므로 장애인을 보호해 주어야 할 특수학교에서 어떻게 그토록 심각한 인권유린이 있을 수 있는지에 대해 충격을 받고 당황한 대부분의 사람들이 공포의 감정을 느끼는 것에 대해 어느 정도 이해를 할 만도 합니다. 그러나 이 밑도 끝도 없는 혐오 때문에 취약한 집단에 속해 있는 장애인과 같은 사람들은 주변으로 밀리고 불평등과 굴욕을 감수하는 삶을 살게 됩니다. 사회적으로는 이러한 현상이 더 위험합니다. 사회가 불평등하면 그만큼 불안할 수밖에 없으니까요. 소설『도가니』가 표현해 낸 공포라는 감정이 특히 취약한 장애인이라는 집단과 그중에서도 더욱 취약한 청각장애 아동을 정치적으로 주변화시켰을 가능성 또한 배제하기 어려울 것입니다.

혐오하는 당신이 더 무섭다

───

혐오라는 감정은 어떤 문제를 똑바로 마주하기 어렵게 만들며, 결국 어떠한 대상과 거리를 두고 경계선을 긋는 데 유효합니다. 그렇기 때문에 어쩌면 많은 사람들이『도가니』의 현장인 자애학교를 공포스러운 공간으로 기억하고 청각장애 학생들을 나와는 완전히 별개의 존재로 인식했는지도 모르겠습니다.

공포심을 동반한 장애 혐오는 2011년에 일명 '도가니법(성폭력범죄의 처벌 특례법 개정안)'이 제정된 지 십 년이 지난 지금, 시설 내 인권유린이 그리 줄어들지 않은 것과 상당한 관련이 있다고 봅니다. 우리는 대체로 흉악한 잘못을 저지르는 사람을 우리들과는 전혀 다른 괴물로 여기는 경향이 있지만 괴물만이 악행을 저지르는 것은 아닙니다. 추악한 악행은 예나 지금이나 우리 주변에서 일어나고 있고 장애인들은 자주 그런 악행에 희생되고 있습니다.

우리들은 대부분 진실하게 선하게 살아가지만 나약합니다. 그래서 더 부지런을 떠는 거짓과 악행 앞에 쉽게 무릎 꿇으며 불안과 공포에서 벗어나고자 합니다. 하지만 끝내 다시 일어서게 만드는 것은 바로 분노의 힘이라고 생각합니다.

그러니 제발 장애인을 무서워하지 마십시오. 우리 장애인들은 우리를 무서워하고 혐오를 노골적으로 드러내는 당신들이 더 무섭습니다.

4
장애인은
모자란 사람

　꽤 오래된 영화지만 〈맨발의 기봉이〉를 기억하는 사람들이 있을 것입니다. 지적 장애인 마라톤 선수인 엄기봉 씨의 실화를 바탕으로 한 영화로 대중의 사랑을 많이 받았습니다. 그런데 시간이 지나면서 영화 속 감동 스토리는 사라지고, 주인공 기봉이의 어리숙한 표정과 말투만 간간이 소환되고 있습니다. 오랫동안 유통되고 소비되어 왔던 전형적인 '바보 캐릭터'로서 말입니다.

　대표적인 예가 2018년 7월 7일 MBC 텔레비전 프로그램 〈전지적 참견 시점〉이었습니다. 진행자들의 요청에 따라 배우 신현준이 〈맨발의 기봉이〉 속 주인공 기봉이 흉내를 냈습니다. 출연진들은 "대박"이라며 폭소했고, 그 방송을 본 대부분의 시청자도 함께 웃었을 것으로 짐작됩니다. 다행히 이 장면을 보며 마음이 불편했던 건 저만이 아니어서 많은 시청자들에게 항의를 받았고, 지적 장애인을 묘사하는 방식에 대한 문제 제기로까지 이어졌습니다.

과거에는 온 국민이 함께 웃고 즐길 수 있었던 '바보 캐릭터'에 더 이상 공감할 수 없는 사람들이 생겨난 것은 그만큼 시청자들의 인권 의식이 높아졌다는 반증입니다. 남의 약점이나 열등한 점을 들추어내고 비웃으며 즐거워하는 것은 인간에 대한 존중이 아니라는 합의에 이른 것이지요.

경쟁과는 거리가 먼 사람이라서?

———

1980년대 영구, 1990년대 맹구의 인기는 대단했습니다. 그들의 바보 연기를 보며 너나없이 웃었던 시절이 우리에게는 있었습니다. 개그 프로그램의 삼대 인기 캐릭터라고 일컬어지는 비만 캐릭터, 못생긴 캐릭터, 바보 캐릭터 중에서도 바보 캐릭터의 인기는 독보적이었습니다. 영구, 맹구 정도의 인기는 아니지만 지금도 예능 프로그램에서는 여전히 어리바리 캐릭터나 얼간이 캐릭터가 시청자의 웃음을 유발하는 장치로 사용되고 있습니다.

어리바리 캐릭터로 가장 잘 알려져 있는 사람은 텔레비전 예능 프로그램 〈1박 2일〉의 출연자인 가수 김종민입니다. 그는 어리석고 엉뚱한 캐릭터로 급부상했는데, 멤버들에게 계속 당하면서도 기회가 와도 상대를 공격할 줄 모르는 선량한 모습 때문에 꾸준히 대중의 사랑을 받고 있습니다. 지적 장애인은 아니지만 유능하지 못하고 지식이 부족한 점에 대해 놀리는 문화는 1970~1980년대의 정서를 잇고 있습니다. 경쟁과는 거리가 먼 선량하고 순수한 모습을 통해 시청자들은 생존경쟁의 시장에서 늦출 수 없었던 긴장의 끈을 잠시 내려놓을 수 있었는지도 모르겠습니다.

2000년대 예능 프로그램 중에서 독보적인 위치를 차지했던 〈무한도전〉의 정준하도 '동네 바보 형'이라는 캐릭터로 부각되었는데 이 역시 '바보 캐릭터'를 1990년대식으로 재현한 것이라 할 수 있습니다. 정준하는 원래 바보 연기로 유명해진 뒤 동네 어디에나 있는 '동네 바보 형'이란 캐릭터로 대중에게 확실하게 다가갈 수 있었습니다.

여기에서 말하는 '동네 바보 형'이란 발달 장애인을 의미합니다. 덩치는 어른인데 말도 행동도 어눌하고 모자라서 남들에게 '바보'라 불리는 사람. 그런데 대놓고 바보라고 놀리는 대신 동네에서 한 명쯤은 눈에 띈다는 친근한 이미지를 덧씌워 웃음거리로 삼은 것입니다. 표현이 순화되기는 했지만 장애인의 모자란 점을 웃음의 소재로 삼아 조롱하는 비하 표현이라는 점은 크게 달라지지 않았다고 봐야 합니다.

영구, 맹구, 그리고 동네 바보 형

『사양합니다, 동네 바보 형이라는 말』이라는 책이 있습니다. "한국에서 십 년째 장애 아이 엄마로 살고 있는 류승연이 겪고 나눈 이야기"라는 부제에서 알 수 있듯이 장애 자녀를 둔 엄마가 썼습니다. 저자는 사회부를 거쳐 정치부 기자로 맹활약하던 중 장애 아이를 낳고 180도 바뀐 인생을 살게 되었다고 합니다. 그 과정에서 발달 장애인이 낯선 존재가 아니라 다르지만 다르지 않은 삶을 살아가는 한 인간이라는 것을 알리기 위해 이 책을 썼습니다. 류승연 작가가 단호하게 말하고 있듯이 '동네 바보 형'이라는 말은 사양하고 싶습니다. 그것이 갖는 친근한 이미지로 인해 비록 발달 장애인을 멀리하거나 무서워하는 표현은 아닐 수 있을지언정 조롱하고 비하하는 표현인 것만은 틀림없기 때문입니다.

　그런 점에서 예능 프로그램 〈나 혼자 산다〉에 나왔던 '세 얼간이' 캐릭터도 다시 들여다봐야 합니다. 방송에서는 배우 이시언, 웹툰 작가 '기안84', 가수 헨리를 '세 얼간이'로 묶곤 했습니다. 방송에서는 이들 세 사람이 울릉도로 떠나는 배를 타기 전 식사를 하다 시간 계산을 잘못해 밥을 허겁지겁 먹고 터미널로 허둥지둥 달려가는 행동을 '얼간미'라고 표현했습니다. 우리가 이미 '백치미'라는 표현에 익숙해 있기 때문에 단번에 이해할 수 있는 표현입니다.

　백치미는 "지능이 낮은 듯하고, 단순한 표정을 지닌 사람이 풍기는 아름다움"(〈네이버〉 지식백과)을 뜻하는 말로, 보통 '예쁘지만 머리에 든 게 없어 보인다'는 조롱의 의미로, 여자들에게 사용됩니다. 반면 얼간이는 "제대로 맞추지 않고 대충 맞춘 간처럼 됨됨이가 변변치 못해 모자라고 덜된 행동을 하는 사람을 낮춰 부르는 말"(〈다음〉 백과)로, 주로 남자들에게 쓰입니다.

　백치와 얼간이는 둘 다 '바보스럽다'는 뜻을 품고 있는 말로, 발달 장애인의 말투와 표정, 행동을 흉내 내며 웃음을 유발하던 과거와는 크게 다르지만 남의 약점을 조롱하기 위해 사용되는 부정적인 용어라는 점에서는 같습니다.

결이 조금 다르기는 하지만 언제부터인지 딸에 대한 사랑이 지극한 아빠를 가리켜 '딸바보'라는 말도 흔하게 쓰고 있습니다. 자식 앞에서는 아무런 계산 없이 사랑을 퍼붓는 존재가 부모이긴 하지만 바보라는 수식어를 붙여야만 의미가 확실해지는 걸까요?

이렇게 바보 캐릭터, 지적 장애인에 대한 희화화 콘텐츠는 사라지지 않고 계속 진화하고 있습니다.

예능 콘텐츠로 소비되는 바보 캐릭터 말고도 바보라는 말은 우리네 일상에서 흔히 사용되고 있습니다. "이 바보!", "나 참 바보 같아", "바보짓이었어" 하는 식으로 어리석다, 한심하다, 못났다는 뜻을 전달할 때 쓰이고 있습니다.

이와 비슷한 말로 '치매'라는 말도 자주 사용됩니다. 기억력이 없거나 서툰 행동을 두고 "치매인가 봐", "내가 치매가 있어서"라는 식으로 표현하곤 하지요. 치매의 '치痴' 자가 '어리석을 치'이니, 바보와 거의 같은 의미이기는 합니다. 게다가 '매呆' 자는 사람이 기저귀를 차고 있는 모습을 나타낸 상형문자에서 비롯되었다고 합니다. 그러므로 이 역시 병에 걸린 사람에 대한 혐오의 표현으로 쓰이기 꼭 알맞습니다.

뭔가 답답한 상황에서도 장애는 자주 소환됩니다. 들어야 할 말이 있는 사람이 '꿀 먹은 벙어리'처럼 입을 다물고 있으면 답답하기는 할 것 같습니다. 보고 있어도 보지 못하는 '눈 뜬장님'도 답답하기는 매한가지일 것입니다. 그런데 답답한 주체는 누구인가요? 엄밀히 보아 그 옆에 있는 비장애인들이지 청각장애인, 시각장애인의 문제는 아닙니다. 청각장애인은 청각장애인대로, 시각장애인은 시각장애인대로 자신들만의 방식으로 말하고 보고 있으니 말입니다.

감각에 손상이 있어도 그들은 자신들의 방식으로 정보를 받아들이며 세상을 느끼고 세상에 반응합니다. 그런데 그들을 바라보는 비장애인들이 비장애인의 방식으로, 그리고 비장애인의 속도만큼 말하고 보지 못한다고 답답해하는 것뿐입니다. 장애가 없는 자신들이 정상이고 정답이며 기준이라고 철석같이 믿기 때문입니다. 이 때문에 장애와 아무 관련이 없는 상황에서조차도 부정적인 표현을 하기 위해 장애 혐오 표현이 남발되고 있는 것입니다.

웃자고 한 짓이라고?

———

서울 용산구에 있는 한 장애인 보호 작업장에서 일어난 일입니다. 사회복지사 A씨가 2018년 3월, 지적 장애인 피해자 B씨의 머리 위에 쇼핑백 끈 다발을 올려놓은 뒤 "여러분, B씨 어때요?"라고 말했습니다. 사진을 찍으면서 눈을 찌르고 우는 시늉을 요구하기도 했습니다. 다른 장애인 노동자들이 B씨를 보고 웃도록 하는 상황을 만든 거지요.

이로 인해 A씨는 B씨로 하여금 다른 사람들의 웃음거리가 되도록 해 수치심을 느끼게 한 정서적 학대 혐의로 재판을 받았습니다. A씨는 1심에서 "B씨의 머리 위에 끈 다발을 올려놓은 적이 없다"며 "B씨에게 눈을 찌르고 우는 시늉을 하도록 한 사실은 있지만 이는 B씨가 이전부터 하던 행위로 서로 웃자고 한 만큼 학대로 볼 수 없고, 학대의 고의도 없었다"고 주장했어요(『뉴시스』, 2021년 4월 27일). 그러나 재판부는 1심과 2심에서 모두 벌금 700만 원을 선고했습니다. 고의가 없어도 '장애인의 정신건강 및 발달을 저해하는 결과가 발생할 위험 또는 가능성이 있는 정서적 학대 행위'였다고 판단한 것입니다. 당시 피해자 B씨는 너무 창피했고 바보가 된 느낌이었다는 말을 한 것으로 전해집니다.

2021년 4월 대법원에서도 역시 가해자의 행위가 정서적 학대라고 보고 이를 유죄로 본 원심 판결이 정당하다고 봄으로써 사회복지사 A씨는 결국 처벌을 받게 되었습니다. 그냥 웃자고 한 행위라고 하기에는 피해가 크기 때문이었습니다. 이는 장애인 학대 행위를 하지 못하도록 규정하고 있는 장애인 복지법이라는 법률에 근거한 판결이었습니다.

A씨는 B씨에게 혐오 표현을 한 것으로 보입니다. 때리거나 상처를 입히거나 하는 물리적인 폭력은 아니었지만 말과 행동으로 정신적인 폭력을 가했기 때문입니다. 하지만 아직까지 혐오 표현을 처벌할 수 있는 법률이 마련되어 있지 않아 정서적 학대 행위로 처벌을 받은 것입니다.

학대하려는 의도가 없었다는 가해자의 말은 사실일 가능성이 높습니다. 정서적 학대의 경우 학대하겠다는 의도를 가지고 학대가 이루어지는 경우보다 반대의 경우가 더 많기 때문입니다. 그러나 의도가 없었다고 해서 학대가 아닌 것은 아닙니다. 의도가 없었어도 피해자가 수치심으로 정신적 고통을 겪었기 때문에 학대인 것입니다.

웃음을 유발하는 말이나 행동은 분위기를 밝게 만들어 주는 윤활유가 될 수 있습니다. 그러나 그 웃음을 위해 누군가를 고통스럽게 만들어서는 안 됩니다. 특히 사회적으로 약한 위치에 있는 사람이 자주 웃음거리로 소비되는 현상에 주목해야 합니다. 그 웃자고 한 행동이 한 사람의 존엄을 훼손하는 혐오 표현이기 때문입니다.

사회복지사는 피해자인 발달 장애인보다 월등하게 유리한 위치에 있는 사람이었습니다. 그는 사회복지사로서 장애인 노동자의 동료임은 물론 그들을 보호해야 하는 입장에 있었습니다. 만일 학대 사실을 알게 될 경우 반드시 신고를 해야 하는 의무를 안고 있기도 합니다. 그런 그가 장애인을 보호하기는커녕 정서적 학대를 했기 때문에 죄가 더욱 클 수밖에 없습니다.

유리한 입장이나 위치에 있는 사람은 약자보다 억압을 느낄 기회가 훨씬 더 적습니다. 그래서 차별을 당했다고 말하는 사람을 이해하기가 쉽지 않습니다. 차별을 당했다는 말을 들어도 그 말에 귀 기울이기보다는 유난히 예민하거나 불평이 많은 사람, 사소한 일도 그냥 넘기지 못하는 사람, 문제를 일으키는 사람으로 취급하기 쉽습니다. 이런 태도는 피해를 당한 사람에게 오히려 비난의 화살을 돌리는 그릇된 접근 방식입니다.

웃음은 삶의 지표이자 삶을 빚어내는 원동력이다. 타인의 약점을 까발리면서 던지는 비웃음, 감정 노동자들이 모멸감을 느끼면서 짓는 억지웃음, 자신의 처지를 한탄하고 세상을 비관하는 냉소……, 이 모두는 병든 사회의 징후다. 무엇을 꿈꾸어야 할까.

모자라고 바보스러운 것을 있는 그대로 용납하면서 환대하는 함박웃음, 실패도 삶의 일부로 받아들이면서 재생의 힘을 북돋는 너털웃음, 깊은 애정과 신뢰가 깔려 있는 농담을 주고받으면서 터지는 폭소······.

⊙ 『유머니즘』, 김찬호, 문학과지성사, 2018.

사회학자 김찬호 교수는 타인의 약점을 까발리면서 던지는 비웃음을 병든 사회의 징후로 보았습니다. 웃자고 하는 말이나 행동일지라도 그 말과 행동이 어떤 결과를 가져올지, 미칠 여파는 어느 정도일지 가늠해야 하겠습니다. 그리고 그 말과 행동에 대한 책임도 지는 것이 성숙한 어른이고 시민입니다.

정치인의 장애 비하 발언

정치인의 장애 비하 발언 문제가 여론의 집중 조명을 받은 시기가 있었습니다. 새로운 현상은 아닙니다. 과거에도 정치인의 장애 비하 발언은 늘 있어 왔습니다. 크게 문제화되지 않았을 뿐이지요.

과거에는 생존권의 문제도 해결되지 못할 만큼 장애인의

삶이 열악했습니다. 그러니 장애 비하 발언 문제에 집중하지 못했지만 이제는 달라졌습니다. 장애인과 국민의 의식이 높아져 더 이상 참지 않게 된 것입니다. 최근 혐오 문제가 사회 문제로 떠오르게 되면서 이 문제에 대한 관심이 더욱 높아지게 된 측면도 있습니다.

정치인의 장애 비하 발언은 셀 수 없이 많이 있었습니다. 특이한 점은 비하 발언을 한 정치인이 여당, 야당 어느 한쪽 정당에 치우쳐 있지 않다는 것입니다. 정치적으로 진보인지 보수인지와 별 관련이 없이 장애인에 대한 인식은 고루 낮다는 반증이라 할 수 있어 서글픕니다.

정치인이 장애 비하 발언을 하는 이유는 여러 가지가 있을 것입니다. 크게 무지로 인한 발언, 비유에 의한 표현, 욕설, 친숙함의 표현, 혐오 표현의 다섯 가지 유형으로 나눌 수 있겠습니다.

첫째, 장애인에 대해 잘 몰라서 비하 발언을 하는 경우입니다. 몇 년 전 정당의 당 대표라는 이가 '선천적 장애인은 후천적 장애인보다 의지가 약하다'는 발언을 해서 문제가 되었습니다. 아무런 근거가 없는 말로 전체 장애인을 비하한 발언이었습니다. 그 정치인은 중도에 사고로 장애를 갖게 된 사람을 후천적 장애인이라고 여긴 모양입니다. 그러나 그런 분들은 중도 장애인이라 하지, 후천적인 장애인이라 하지 않습니다. 그리고 장애인 중 90퍼센트 이상이 중도 장애인이고, 선천적인 장애인은 얼마 되지 않습니다.

이처럼 정확히 잘 알지 못하는 사실을 함부로 말해서는 안됩니다. 누군가에게 들은 이야기일지라도 한두 장애인의 사례일 수 있으므로 일반화하는 것은 더욱 위험합니다. 장애인을 비하할 의도가 전혀 없었어도 좋지 않은 결과를 빚으니까요.

둘째, 우리말에는 장애를 빗댄 비유적인 표현이 많이 있습니다. 비유적인 표현을 쓰면 의미가 명확하게 전달되는 장점이 분명 있습니다. 긍정적인 표현보다는 부정적인 표현이 더 많아 문제지요. 오래전부터 주로 답답하거나 능력이 없거나 뭔가 부족한 상황에 대해 말할 때 자주 장애를 빗댄 비유적인 표현이 사용되어 왔습니다. '꿀 먹은 벙어리', '외눈박이', '절름발이'가 대표적인 예입니다. 사실 이런 속담이나 관용어 한두 개쯤 사용하지 않는 사람은 거의 없을 것입니다. 그런데 정치인이 공식적인 자리에서 그런 표현을 사용한 경우 그냥 지나칠 수 없는 것은 영향력과 파급력이 매우 크기 때문에 더욱 조심해야 합니다.

셋째, 장애와 관련되어 있는 욕을 하는 경우입니다. 몇 년 전 야당의 한 의원이 국정감사장에서 여당 의원에게 "웃기고 앉아 있네. 진짜 병신 같은 게."라고 한 적이 있습니다. '병신'이라는 말은 일상에서 가장 흔히 쓰이는 욕설입니다. 신체적 장애인을 가리키는 말로서 아주 오래전부터 써 왔던 욕설이기도 합니다. 하지만 전 국민이 지켜보고 있는 장소에서 할 말은 아니지요. 장애인을 비하할 의도가 없었을지라도 평소 욕설을 하던 습관이 자신도 모르게 튀어나올 수 있습니다. 물론 그에 따르는 책임도 마땅히 져야 합니다.

지금까지 언급한 무지로 인한 발언, 비유에 의한 표현, 욕설의 세 가지는 의도치 않은 비하 발언에 해당합니다. 그런데 좋은 의도로 한 말인데 장애인을 비하하는 결과를 빚는 경우도 있습니다.

하나도 웃기지 않습니다

넷째, 친숙함의 표현이 비하 발언이 된 경우에 대해 살펴보겠습니다. 한 구청장이 자신도 '특급 장애인'이었다면서 쉰 살까지 결혼을 못 했는데 결혼을 하고 나서야 '특급 장애인'에서 벗어나게 됐다고 한 발언이 대표적인 경우입니다. 자신도 장애인들과 크게 다르지 않다는 점을 강조하며 친숙하게 다가

가려는 좋은 취지였을 것으로 짐작됩니다. 그런데 그 말 속에 장애인은 어딘가 모자라고 부족한 존재라는 의미가 담겨 있어 문제가 되었습니다.

또한 결혼하지 않은 사람은 무언가 결함이 있는 사람이라는 의미도 포함되어 있어 비혼 차별이라는 반발도 있었습니다. 이런 발언을 문제 삼으면, '웃자고 한 말에 다들 죽자고 달려든다'고 한숨 쉬기도 합니다. 그렇게 죽자고 달려들어야 차별과 혐오의 문화가 바뀔 수 있습니다. 이제까지 높으신 분들의 발언이기 때문에 화가 나도 참고 존엄이 훼손되어도 억지로 웃어 주었기 때문에 바뀌지 않았던 것입니다.

다섯 번째 혐오 표현은 의도적인 비하 발언입니다. "정치권에 저게 정상인가 싶을 정도로 정신장애들이 많이 있다", "왜곡과 선동으로 눈이 삐뚤어졌는데 뭔들 제대로 보이겠는가?", "국민은 그 말을 한 사람을 정신장애인이라고 한다"처럼 혐오 표현이 넘쳐납니다. 유독 정신장애인을 가리키는 혐오 표현이 많은 이유는 정신장애인에 대한 혐오가 그만큼 더 뿌리 깊기 때문이라고 생각합니다. 평소 장애인에 대한 혐오의 감정을 갖고 있었지만 좀체로 드러내지 않다가 공격해야 할 상대 앞에서 부정적으로 폭발한 것이라 하겠습니다.

개인차는 있겠지만 우리에게는 대부분 장애인에 대한 혐오의 감정이 내재화되어 있습니다. 장애인을 차별하고 혐오하는 문화에 살고 있기 때문에 누구도 예외가 아닐 수 있다는 점을 소홀히 여겨서는 안 될 것입니다. 그러므로 불편하더라도 잠재적인 가해자라는 점을 인정하는 데서부터 출발해야겠습니다.

우리가 사는 세상에는 분명 발달 장애인도 있고 정신 장애인도 있으며 치매에 걸린 어르신도 있습니다. 그리고 그들도 분명 보통의 사람들과 마찬가지로 이 세상을 살아가는 존재입니다. 그런데 우리 모두는 아무렇지도 않게 그들이 살아갈 가치조차 없는 것처럼 생각하고 말하고 있지는 않은지 돌아봤으면 합니다.

우리가 인간적이라고 믿는 조건인 품위, 이성, 논리, 지식 등을 갖고 있지 못한 존재는 인간의 범주에 속하지 않는, 완전히 틀린 존재일까요? 그런 이유로 발달 장애인이나 정신 장애인, 치매 환자를 손가락질하고 우리네 이웃에서 추방하는 것이 옳은가요? 그들에게 부족함이 많고 긍정할 수 있는 점이 아주 조금밖에 없다고 해서 그들의 삶 자체를 송두리째 부정해도 괜찮을까요?

차이와 다양성을 존중하며 더불어 살아가는 삶을 위해서는 다른 언어가 필요합니다. 배제와 차별의 문화 속에서 기득

권을 누리는 사람들에게는 다른 특징을 가진 사람을 구분하고 선 밖으로 밀어내며 추방하기 위한 그들의 언어가 익숙하고 유리하겠지만 우리는 달라야 합니다. 다른 언어로 이야기해야 하며, 다른 세상을 꿈꾸기를 포기하지 말아야 합니다.

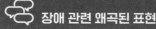

장애 관련 왜곡된 표현

- 장애인을 무기력함, 불행, 절망, 수치, 슬픔의 정조로 묘사하는 표현 : "휠체어에 의지해", "평생 자기 발로 걸어 본 적 없는" 등
- 장애인을 초인 또는 감동의 원천으로 과장하는 표현: "장애인은 순수한 영혼을 가졌다", "장애 넘은 인간 승리" 등
- 장애 극복과 재활을 강조하는 표현 : "시각장애 극복", "하반신 마비 딛고" 등
- 사람이 아니라 장애와 보장구에 초점을 맞춘 표현 : "휠체어 장애인" 등
- 의학적 용어로 장애를 표현하는 경우 : "지적 장애를 앓는" 등
- 장애를 지나치게 상세하게 설명하거나 선정적으로 묘사하는 경우 : "또 조현병", "염전노예" 등
- 장애인을 직접적으로 비하하는 표현들 : "미치광이", "절름발이 행정" 등
- 장애를 부정적 비유의 대상으로 표현하는 경우(관용구) : "광란의 질주", "꿀 먹은 벙어리", "눈먼 돈", "앉은뱅이책상" 등
- 기타 부적절한 표현들 : "정상인", "성격 장애", "결정 장애" 등

(출처 : 장애인정책모니터링센터, 《2019 언론모니터링 결과 보고서》)

장애인은 모자란 사람

2부

대놓고 하는
장애 혐오 표현

10

장애인은
안 된다

"세상의 모든 남자가 되지만, 유부남과 네 삼촌처럼 장애인
은 안 된다."

〈디어 마이 프렌즈〉라는 드라마에서 엄마 역할을 한 고두
심이 딸 역할을 했던 고현정에게 한 말입니다. 결혼할 사이였
던 두 사람은 남자가 교통사고를 당해 하반신 마비가 되는 바
람에 아프게 이별합니다. 그런데 "장애인은 안 된다"는 이 대
사 때문에 시청자 게시판에는 항의의 글이 올라왔습니다.

스스로 장애인의 아내임을 밝힌 한 네티즌은 "장애인은 자
신의 선택으로 되는 것이 아니다. 유부남이 처녀를 만나는 것
은 부도덕하고 파렴치한 것이지만 장애인을 바람난 유부남과

동격으로 이야기했다"며 불쾌감을 드러냈습니다. 장애인과의 결혼을 반대하는 부모의 심정이야 이해 못 할 바가 아니지만 유부남과의 불륜과 같은 취급을 한 점이 거슬렸을 것으로 짐작됩니다. 불륜은 스스로의 선택에 해당하기에 도덕적으로 비난받을 수 있지만 누구도 장애를 선택하지는 않으며 도덕적으로도 비난받을 이유가 없다는 것입니다.

이에 〈디어 마이 프렌즈〉 제작진은 즉각 사과의 글을 올렸습니다. 이 대사가 불편한 마음을 줄 수 있다는 점에 공감하고 진정성 있는 태도를 보인 것입니다. 그리고 '장애인을 반대하는 엄마'라는 설정과 대사를 넣은 이유에 대해 "기존의 사회적인 편견을 가감 없이 보여 줌으로써 오히려 장애인에 대한 사회적 편견에 맞서 그것을 깨는 데 기여하고 싶었기 때문"이라고 설명했습니다. 이어 "우리 사회에 실제로 존재하는 장애인에 대한 편견의 시선을 있는 그대로 직시함으로써 그것이 야기하는 고통에 공감하는 기회를 제공하고자 한다"는 의지도 밝혔습니다.

대한민국에서 비장애 자녀가 장애인과 결혼하겠다고 할 때 선뜻 축복해 줄 수 있는 부모가 몇이나 될까요? 아마 손에 꼽을 정도일 것입니다. 물론 제 주변에는 배우자 부모의 환대를 받으며 비장애 여성과 결혼을 해서 잘살고 있는 장애인도 있습니다. 〈전국장애인차별철폐연대〉라는 단체에서 활동했던 변재원 씨는 SNS에 위트 있는 글을 남겨 많은 화제를 낳은 사람입니다.

몇 년 전 인터뷰를 하기 위해 처음 만났던 매력적인 변 씨는 어린 시절 의료 사고로 지체 장애를 갖게 되었습니다. 자신은 물론 주변에서 누군가 불의를 겪고 있으면 그냥 넘어가지 못하는 성격이라 지인들에게 '쌈닭'이라 불린다고 자신을 소개하더군요. 아내도 그가 싸우는 모습에 반해 사귀게 되었습니다. 네덜란드 유학 시절 항공사의 부당한 대우에 항의했다는 그의 기사를 인상 깊게 본 아내와 인권 단체에서 자원 활동을 하다 만났고 결혼까지 이르게 되었습니다.

아내의 부모님은 둘의 결혼을 기꺼이 축복해 주었습니다. "언젠가 걷지 못하게 될지도 모르겠지만 그것도 삶이니 걱정할 필요 없잖아? 그러니 지금 둘이서 춤추면서 행복하게 살아."라는 지지에 힘입어 두 사람은 알콩달콩 잘살고 있습니다. 정작 둘의 결혼을 반대한 쪽은 그의 부모님이었는데, 장애인이 비장애 여성과 과연 잘살 수 있겠느냐는 걱정 때문이었다고 합니다.

왜 비장애인과 결혼할 수 없는지?

대부분의 부모들은 장애인과의 결혼을 반대합니다. 가장 큰 이유가 장애가 유전될지도 모른다는 것입니다. 유전되는 장애는 그리 많지 않음에도 반대의 이유로 유전에 대한 우려를 내세웁니다.

2017년 연말에 있었던 일입니다. 한 여성이 늦은 나이에 입학한 대학에서 만난 동갑내기 남자친구와 결혼하려다 남자친구 부모와 만난 뒤 뜻을 이루지 못했다는 사연을 SNS에 올렸습니다. 그 여성은 선천적 구순구개열(입술·입천장 갈라짐)로 언어장애를 갖고 있었어요. 그런데 남자친구 어머니가 손주에게까지 장애가 유전될지 모른다며 헤어져 달라고 부탁했다고 합니다. 그녀는 "후천적으로 팔다리가 없는 장애면 혹시 모르겠다는 어머니의 말에 차라리 다음 생에는 팔다리 장애를 가진 채 태어나 남자친구를 잡고 싶다고 생각하기도 했다"고 했습니다.

'언청이'라고도 불리는 구순구개열의 권위자인 엄기일 교수에 따르면, 대한민국 신생아 6백 명 중 한 명이 구순구개열로 태어나며 부모 중 한쪽이 구순구개열일 경우 자녀가 구순구개열일 확률은 20분의 1이라고 합니다. 그리고 부모 중 어느 한쪽의 유전 성향으로만 생기는 것은 아니며 부모 양쪽의 잠재적 유전 성향이 있어야 생길 수 있다고 합니다. 따라서 부모 중 한쪽의 전적인 유전이 아니며 여러 개의 유전자가 복합적으로 작용해서 나타나게 된다[1]는 것입니다. 또한 구순구개열이 생겨도 잘 치료하면 건강을 유지하는 데 아무 지장이 없다고 합니다.

장애인을 멸시하거나 조롱하는 문화가 심각했던 과거에는 구순구개열이 큰 문제가 될 수 있었습니다. 하지만 그런 문화가 많이 사라진 요즘에도 유전을 이유로 결혼 반대에 부딪힌 장애 여성의 아픔이 어느 정도일지 짐작할 만합니다. 그런데 문제는 여기에서 그치지 않았습니다. 그 여성의 사연을 접하고 다수의 위로 댓글이 올라오기도 했지만, "(팔다리가 없는) 남의 장애를 그렇게 이야기하는 것을 보니 인성이 글렀다. 동정을 받을 여지가 없다"는 독설과 "어떤 엄마가 미쳤다고 멀쩡한 자식을 (장애인에게) 장가보내나. 양심도 없다"는 내용의 댓글이 엄청난 호응을 받은 것입니다.

~~~~~~~~

1   구순구개열 유전에 대한 오해, 올바른콘텐츠, 2016. 1. 19.(http://allcon.tistory.com/4)

더 독한 가상현실 속 익명의 분노

이처럼 가상현실에서 사람들은 쉽게 분노와 공격성을 드러냅니다. 그 대상이 장애인이거나 여성이거나 외국인, 노인 등 힘이 없는 사람들일 경우 공격성은 더 강력하고 지독해집니다. 이런 현상에 대해 한 일간지에서는 "현실에서 차마 분출하지 못했던 감정과 언어가 온라인 속 분풀이 대상을 만나면서 낯선 언어로 표현된"것으로 분석[2]하였습니다. 가상현실 속 익명의 분노가 현실보다 훨씬 더 독한데, 이들은 대개 사회 현상이나 이야기 속 핵심 주제와는 무관하게 자신을 불편하게 하는 하나의 사실을 집요하게 파고들어 분노를 표출한다는 것입니다.

그런 이유로 가상 공간 속 분노가 법적 다툼으로 비화하는 일이 많습니다. 경찰청 〈사이버안전국〉에 따르면 2001년 33,289건이던 사이버 범죄가 2010년 12만 2,902건, 2018년 14만 9,604건으로 늘어났습니다. 인신공격이 담긴 악플과 게임 속 언어 폭력이 대다수를 차지합니다.

---

2 「성난 사회, 화 좀 내지 맙시다 – "싸가지", "미쳤나" 인터넷 공간선 익명의 분노 화르르」, 『한국일보』, 2017년 12월 29일.

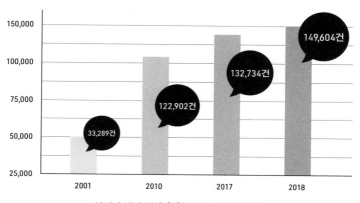

사이버 범죄 발생 현황(경찰청 사이버안전국)

　　공적인 영역에서 쌓인 분노는 표출하기가 쉽지 않습니다.
따라서 익명의 공간에서 군중심리에 기대 공격 대상을 향해
분노를 표출하는 것으로, 사회적 약자인 여성, 장애인, 이주
민, 성소수자 등이 자주 목표가 되고 있습니다. 그러니 '여성'
이자 '장애'라는 두 가지 조건을 갖고 있던 장애 여성이 공격
목표가 된 것은 지극히 자연스러운 일이었는지도 모르겠습
니다.

　　다시 구순구개열로 언어장애를 갖고 있는 장애 여성의 사
연으로 돌아가 보겠습니다. 그 여성이 "다음 생에는 팔다리
장애를 가진 채 태어나"고 싶다고 한 것은 남의 장애를 비하
하거나 함부로 말하려는 의도와 거리가 있습니다. 장애의 후

장애인은 안 된다

천적인 원인에 대해 거론한 남자친구 어머니의 말을 듣고 속이 상해 그런 생각마저도 들었다는 심정을 가감 없이 표현한 것으로 보입니다. 그런데도 남의 장애를 함부로 말한 것으로 오인해 동정을 받을 가치가 없다고 비난한 것은 지나친 비약이지요.

위로를 받고 싶어 글을 올린 사람에게 오히려 엄청난 혐오 표현이 쏟아진 것입니다. 왜 그토록 심한 공격이 있었을까요? 처음부터 장애인과의 결혼에 대해 부정적이었지만 선뜻 감정을 드러내지 않고 있던 것은 아닌지 모르겠습니다. 팔다리가 없는 장애에 대한 언급이 나오자 감추고 있던 성난 이빨을 드러낸 것이 아닐까 싶습니다.

장애인은 제외해야 한다는 뜻

사실 표현이 좀 거칠어서 그렇지 "어떤 엄마가 미쳤다고 멀쩡한 자식을 (장애인에게) 장가보내나" 하는 생각에는 대부분 동조할 것 같습니다. 〈디어 마이 프렌즈〉의 제작진들도 장애인에 대한 사회적 편견을 가감 없이 보여 주려 했다고 할 만큼 대부분의 사람들은 '장애인과의 결혼은 안 된다'는 생각을 갖고 있으니 크게 부자연스러운 일도 아닙니다. 그러나 거기서 그치지 않고 장애인과 결혼하려고 하다니 "양심도 없다"고 비난한 것도 지나친 비약이자 폭력입니다. 대부분이 갖고 있는 편견을 깼다고 해서 비난받을 일도 아닌데다 결혼은 두 사람과 가족들의 문제이지 제삼자가 양심이 있네 없네 거론할 문제가 아니기 때문입니다.

'장애인은 안 된다'고 한 드라마 속 대사는 '장애인과 결혼해선 안 된다'는 말입니다. 그러나 더 깊이 들어가 보면 결혼 그 이상의 의미를 담고 있습니다. "장애인은 보통 사람의 범주에 포함시키지 못하겠다", "장애인은 평범한 사람이 아니다, 장애인과 어울릴 수 없다", 그러니 "장애인은 제외해야 한다"는 무서운 뜻이 담겨 있습니다.

이처럼 무서운 혐오 표현이 또 있을까 싶을 만큼 섬뜩하고 진저리가 쳐집니다. 대한민국에서 사는 대다수 중 '장애인은 안 된다'는 생각을 한 번도 해 본 적이 없다고 자신할 만한 사람이 몇이나 될까요? 우리가 살고 있는 세상이 얼마나 폭력적인지 새삼 깨닫게 됩니다. 누구라도 그 폭력의 피해자가 될 수 있습니다. 또한 누구라도 가해자가 될 가능성에서 자유로울 수 없습니다.

장애인은
더럽다

"여러분은 장애인에 대해 어떻게 생각하시나요?"

비장애인들에게 이렇게 물으면 대부분 정답만을 이야기합니다. "함께 살아갈 이웃"이라든지 "나와 똑같은 사람" 같은 대답이 그것입니다. 인식 개선 교육 덕분입니다. 하지만 그런 말들은 솔직한 마음을 있는 그대로 드러낸 대답이라고 볼 수 없습니다. 마땅히 추구해야 할 이상일 수는 있어도 아직 현실은 아니기 때문입니다. 현실에서는 장애인이 비장애인과 자연스럽게 어울려 함께 살아가고 있지 못하며, 장애인이 비장애인과 동등하게 대우받지도 못하고 있습니다.

그렇다면 사람들이 장애인을 대하는 솔직한 심정은 무엇

일까요? 인권 교육 현장에서 나온 대답 중 가장 솔직한 말이 "(장애인은) 더럽다"는 것이었습니다.

2014년에 있었던 일입니다. 어느 시각장애 여성이 안내견과 함께 지하철에 올랐습니다. 그것을 본 한 여성이 "더럽다"며 소동을 일으켰습니다. 시각장애 여성에게 "미친 거 아니냐"며, "그렇게 큰 개를 데리고 지하철을 타는 것은 교양 없는 짓"이라고 나무랐습니다. 그러고는 안내견을 향해 "당신에게는 귀여워 보일지 몰라도 내가 보기에는 상당히 더럽다"며 "당장 사과하고 개를 데리고 지하철에서 내리라"고 요구했습니다. 지하철에 타고 있던 사람들이 안내견이라고 말해 줘도 그 여성은 비상용 긴급 전화로 신고했고, 전동차 운행이 중단된 뒤 역무원까지 출동하게 했습니다. 이 사건은 '지하철 무개념녀 사건'으로 한동안 사람들 입에 오르내렸는데, 장애 혐오 표현을 쓰지 않는 대신 여성 혐오 표현을 쓰고 있어 그 용어 또한 문제가 되는 사건이었습니다.

시각장애인이 안내견과 함께 대중교통 수단을 이용하는 것은 정당한 권리입니다. 안내견과 함께 지하철이나 버스를 타지 말라고 하는 것은 아무 데도 돌아다니지 말라는 소리와 마찬가지입니다. 그러한 정당한 권리 행사에 대해 "더럽다", "미쳤다" 등 폭언을 하고 정당한 사유 없이 지하철에서 내리라고 요구한 것은 명백한 장애인 차별이지요.

장애인복지법 40조에는 "보조견 표지를 붙인 장애인 보조견을 동반한 장애인이 대중교통 수단을 이용하거나 공공장소, 숙박 시설 및 식품 접객업소 등 여러 사람이 다니거나 모이는 곳에 출입하려는 때에는 정당한 사유 없이 거부하여서는 안 된다"고 정해져 있습니다. 그리고 장애인차별금지법 4조와 32조에서도 장애인을 '정당한 사유 없이 제한·배제·분리·거부 등에 의해 불리하게 대하는 경우', '장애인에게 모욕감을 주거나 비하를 유발하는 언어 표현, 행동을 한 경우'를 차별로 규정하고 있습니다.

시각장애인 안내견에 대해 잘 모르는 사람이라면 큰 개를 데리고 지하철에 타는 게 잘못이라고 생각할 수 있습니다. 그런데 하필이면 왜 "더럽다"는 혐오 표현을 했을까요? 개인적으로 개를 좋아하지 않거나 모든 개는 더럽다는 생각을 갖고 있을 수도 있지만 그보다는 '개똥'과 연관이 있어 보입니다.

지하철에서 애완견의 배설물을 치우지 않은 여성에게 '개똥녀'라는 별명을 붙이고 여성 혐오에 열을 올렸던 사건이 있었던 걸 기억하나요? 사실 개가 싼 똥을 치우지 않고 지하철에서 내린 할아버지도 있었지만 그에게는 아무런 수식어도 붙지 않았고, 비난 여론도 그리 크지 않았습니다.

그런데 이번에는 한 여성이 장애인을 혐오하는 태도를 내
보이자 '무개념녀'라는 수식어가 붙었습니다. 그 여성은 안내
견을 시각장애인에게 꼭 필요한 파트너로 보지 않고 그냥 보
통의 개, 또는 애완견으로 보았기 때문에 자연스레 개똥을 떠
올리게 됐을 겁니다. 그 연상은 더럽다는 생각으로 이어졌으
며, 그런 생각을 가감 없이 드러내 장애 혐오 표현을 쓰게 된
것이라고 봅니다.

사람이 더럽나, 개가 더럽나, 똥이 더럽나

더러운 것은 개의 똥이지, 그 개의 주인, 혹은 파트너가 아
닐 것입니다. 그런데 사람들은 개의 분비물인 똥과 개 주인을
쉽게 동일시합니다. 그리고 어떤 집단을 혐오하는 데 있어 더
럽다는 생각은 공통적입니다.

가령, 여성은 오랫동안 더러운 존재로 여겨져 왔습니다.
『혐오와 수치심』의 저자 마사 너스바움은 대부분의 문화권과
역사 속에서 여성이 오물과 더러움, 유혹하는 오염의 원천으
로 표현되어 왔다고 말합니다. 그리고 이 때문에 어떻게든지
접근하지 못하게 하고 응징해야 하는 존재로 여겨져 왔다고

언급했습니다. 우리 사회에서도 성교, 출산, 생리를 둘러싼 금기의 문화가 여전히 존재하고 있는 것은 이와 관련이 있을 것입니다.

지하철에서 시각장애 여성에게 호통을 친 여성뿐만 아니라 겉으로 표현하지는 않더라도 장애인을 더럽다고 생각하는 사람들은 꽤 있습니다. 모든 장애인이 더럽다고 생각하지는 않는다 하더라도 적어도 어떤 장애인을 떠올릴 경우 자연스럽게 '더럽다'는 생각으로 이어지곤 하는 것입니다. 이는 장애인을 피하고 싶어 하는 심정과도 관련이 깊어 보입니다. '장애인' 하면 더러움을 연상하게 되는 것은 아마도 일부 중증 장애인의 분비물과 관련이 있을 것입니다.

대부분의 사람들은 어린아이였을 때 침을 흘렸던 적이 있습니다. 그런데 뇌성마비 장애를 갖고 있는 사람의 경우에는 성인이 되어서도 침을 조절하기가 어려울 수 있습니다. 또한 사고 또는 질병 때문에 척수장애를 갖게 된 사람들 중 배변에 어려움을 겪는 사람들이 있습니다. 이러한 점은 장애가 없는 사람들과 비교했을 때 분명히 구분되는 특징일 수 있습니다. 그리고 그런 장애인들을 마주쳤을 때 사람들은 충격과 이질 감을 느끼고 그들 장애인과는 달리 자신들이 정상적인 집단에 속해 있다는 점에 안도하지요. 그러면서 장애인을 자신들이 속한 집단 밖으로 밀어냅니다. 그럼으로써 안정감과 평화를 유지하고 싶어 하는 것처럼 보입니다.

조금만 깊이 생각해 보면 그런 생각은 전혀 타당하지 않다는 것을 알게 됩니다. 먼저 침을 흘리거나 배변의 어려움을 겪는 것이 모든 장애인의 특성이 아니므로 일반화할 수 없습니다. 게다가 장애인이 배변의 어려움을 겪는 것은 환경의 문제가 더 클 수 있습니다. 즉, 장애인이 화장실을 쉽게 사용할 수 없게 만든 공공장소가 문제이지, 장애인 잘못이 아닙니다. 장애인이 쉽게 접근할 수 없도록 한 것은 국민의 한 사람인 장애인의 권리를 침해한 것입니다. 장애인들은 그 때문에 심각한 차별을 경험할 수밖에 없어요. 결국 사람들은 장애인이 겪는 차별의 결과물을 장애 그 자체의 특성으로 여기는 오류에 빠져 있는 셈입니다.

그렇다면 사람들은 침 또는 배설물에 대해 왜 그렇게 거부감을 갖고 있을까요? 누구나 침을 흘리고 스스로 배변 처리를 할 수 없는 아기 시절을 거쳤습니다. 그리고 나이 들거나 병이 들어 침을 흘리게 되거나 남의 손에 배변 처리를 맡기게 될 수도 있습니다. 그런데도 사람들은 오염 물질로 여겨지는 것을 혐오의 대상으로 삼습니다. 마사 너스바움은 배설물 같은 오염 물질이 자신의 동물성과 유한성을 상기시키기 때문이라고 보았습니다.

대부분의 장애가 유전되거나 전염되지 않는 것이 상식인데
도 장애인이 기피의 대상이 되는 이유는 혐오 때문입니다.

장애는 전염되지 않는다

'냄새 나는 장애인'이라는 고약한 편견 때문에 외출할 때
지나치게 깔끔을 떨 수밖에 없다는 얘기를 들은 적이 있습니
다. 중증 뇌성마비 장애를 갖고 있는 오십 대 남자인 그 사람
은 시설에서 30년 가까이 살다 지금은 지역사회로 나와 자립
생활을 하고 있습니다. 그는 옷 입는 것도 활동지원사의 도움
이 필요한 중증 장애인이어서 외출 준비를 하려면 남들보다
몇 배의 시간이 걸립니다. 그런데도 미용실이나 병원 등 사람
과 직접 부딪혀야 할 때면 구취 제거 기능이 있는 비싼 치약
으로 양치를 한 번 더 하고 온몸에 섬유 탈취제를 뿌립니다.
그러면서 기능도 체력도 점점 떨어져 가 힘들고 피곤한데 왜
이런 신경까지 써야 하나 서글프다고 했습니다.

특별한 장애 유형, 그중에서도 극히 심한 장애를 가진 경우
를 제외하고는 장애인이라고 해서 특별한 냄새가 날 리 없습

니다. 그렇지만 장애인과 마주칠 때 그저 장애를 가졌다는 이유로 혐오의 감정을 드러내는 사람들이 있습니다. 그래서 장애인들은 이중, 삼중의 억압을 당하고 있지요. 장애 혐오를 표현하는 사람들은 실제로 냄새, 혹은 오염 물질 때문에 고통을 당하거나 위험을 느껴서가 아니라 자신이 오염될 수 있다는 말도 안 되는 걱정 때문에 장애인과 거리를 둠으로써 자신을 보호할 수 있다고 여기는 듯합니다.

노숙인만 해도 그렇습니다. 사람들은 흔히 냄새와 결부지어 노숙인을 연상하곤 합니다. 노숙인 관련 기사들에서도 '퀴퀴한'과 같은 수식어가 자주 등장합니다. 그런데 노숙인에게서 나는 냄새는 다른 냄새보다 특히 더 나쁜 걸까요? 어떤 냄새는 좋은 냄새고 어떤 냄새는 나쁜 것일까요? 그들에게서 냄새가 난다면, 그것은 나쁘거나 이상한 냄새이기보다 낯선 냄새로 보아야 하지 않을까요? 그 냄새가 더럽고 비위생적이기까지 하다면 그들을 비난하거나 배제할 것이 아니라 옷을 빨아 입고 치료를 받으며 편안히 쉴 수 있는 공간을 만들어 주려는 노력으로 이어져야 할 것입니다. 그런데도 사람들은 냄새가 난다는 이유로 쉽게 자신들과 노숙인을 구분 짓고 배제하려 듭니다.

장애를 전시하려는 사람들

　과거에는 장애인 거주 시설을 찾은 정치인들이 장애인을 목욕시키는 장면이 심심치 않게 매스컴을 장식했습니다. 장애인들이 인권침해라고 문제 제기를 함으로써 최근에는 사라진 풍경이기는 합니다. 그러나 꽤 오랫동안 정치인들의 선행을 강조해 대중의 마음을 움직이는 데 먹히는 이벤트였습니다. 뒤틀리고 앙상한 몸을 대중에게 적나라하게 드러내며 욕조에 누워 있는 장애인과 그 몸을 씻기는 정치인의 몸은 크게 대비될 수밖에 없습니다. 그런 이미지는 단지 초라한 몸과 선행을 할 수 있는 온전한 몸의 대비 이상의 효과가 있었습니다. 즉 장애인은 더럽고 냄새나는 존재인데, 그 장애인을 씻기는 행위를 하는 정치인의 거룩함이 부각될 수 있었던 것입니다.

　이벤트를 위해 찾아간 정치인이 씻겨 주기 전까지는 더러운 존재였던 장애인이 목욕이라는 의식을 통해 정화되는 과정은 종교의식을 연상시키면서 꽤 오랫동안 대중들에게 감화를 주었습니다. 하지만 정작 목욕을 당하는(?) 장애인의 수치심과 모욕감에 대해서는 장애인 당사자들의 문제 제기가 있기 전까지 아무도 관심이 없었습니다. 사람들은 장애인의 입장에서 생각하지도, 생각할 필요도 느끼지 않습니다. 이제 장애인을 목욕시키는 장면은 사라졌지만 장애인의 의사는 묻지 않은 채 장애인을 구경거리, 혹은 스토리의 주인공으로 삼아 소비하는 이런 행태가 완전히 사라졌다고 보기도 힘듭니다.

백 번 양보해서 청결을 유지할 수 없어 낯선 냄새를 풍기는 장애인이 있다면, 장애인의 청결을 제대로 유지하지 못하고 정치인이나 자원봉사자 등 외부 사람들의 손을 빌려야 하는 거주 시설의 문제점을 파헤칠 일입니다. 장애인의 모욕감은 아랑곳하지 않고 카메라 플래시를 터트리며 목욕시키는 장면을 연출할 일이 아닌 것입니다. 그리고 혹시라도 건강을 위협하지 않도록 대안을 마련하는 쪽이 바람직한 해결 방법일 것입니다.

앞서 안내견과 함께 지하철을 탄 시각장애인을 향해 지하철에서 내리라고 호통을 친 여성의 경우도 '무개념녀'로 몰아 혐오할 일이 아닙니다. 장애인복지법과 장애인차별금지법에 규정된 장애인의 권리에 대해 좀 더 적극적으로 홍보해야 할 일입니다. 그래서 더 이상 차별이 발생하지 않도록 철저하게 대비를 해야 마땅합니다.

2007년 12월 17대 대통령 선거를 앞두고 대선 예비 후보 중 한 사람이었던 이명박 전 서울시장에 대한 인터뷰가 있었습니다. 이 후보는 "낙태에 대해서는 어떻게 생각합니까?"라는 질문에 대해 "기본적으로는 반대인데, 불가피한 경우가 있단 말이에요. 가령 아이가 세상에 불구로서 태어난다든지, 이런 불가피한 낙태는 용납이 될 수밖에 없는 것 같아요"라고 대답하였습니다.

요즈음 좀처럼 듣기 힘든 '불구'라는 용어를 사용한 것도 신기한 일이지만 '장애아의 낙태는 불가피'하다니 장애인들이 반발할 만도 했습니다. 그럼, 장애인들은 모두 태어나지 말았어야 할 생명이란 말인가요? 사실 지금도 우리 사회 장애인에 대한 인식은 그 정도에서 크게 넘어서지 못하고 있습니다. 장애인은 예나 지금이나 존중받지 못하며 살고 있습니다.

태어날 권리를 빼앗기는 장애인들

굳이 먼 옛날로 거슬러 올라가지 않고 19세기 말엽만 해도 사회 다윈주의social Darwinism와 우생학이라는 사상이 광풍처럼 전 세계를 휘몰아치던 때가 있었습니다. 〈다음〉 백과에 따르면 우생학이란 "우수한 유전자를 보존하고 열등한 유전자를 제거해야 한다는 사상"으로, 1883년에 영국의 인류학자 프랜시스 골튼이 만들었습니다. 열등한 유전자를 제거해야 한다는 우생학의 기본 전제는 각종 차별을 합리화하는 근거가 되었습니다. 미국에서는 바람직하지 않은 유전자를 가진 사람들에게 생식을 하지 못하도록 금하는 법률을 만들었고 정신 질환자, 수감자, 극빈자들에게 강제 불임을 하도록 하는 법률도 만들어졌다고 합니다. 이 법률에 의해 유전적으로 모자라다는 이유로 불임수술을 당한 미국인이 무려 6만여 명에 달합니다.[1]

우생학의 최고 결정판은 독일 나치 정권에서 행한 장애인과 성 소수자, 유태인 학살이었습니다. 히틀러가 '무가치한 생명'이라고 여기는 장애인을 십만 명 넘게 제거한 것은 잘 알려져 있는 사실입니다. 이러한 장애인 학살의 역사는 일제와 과거 한국 정부에서도 있었어요. '문둥병'이라고도 불리는 한센병을 앓는 환자들이 강제 격리되어 불임수술을 강요받았던 것은 그리 오래전 일이 아닙니다.

장애인 학살의 역사는 현재도 진행 중입니다. 우생학은 전설이 아니라 현대를 사는 우리에게도 유령처럼 영향을 미치고 있어요. 장애가 있다고 진단되는 태아들이 세상의 빛을 보지도 못하고 죽임을 당하고 있는 것은 명백히 우생학과 관련이 있습니다.

우리나라 모자보건법에서는 "우생학적優生學的, 또는 유전학적 정신장애나 신체 질환이 있는 경우 장애아 낙태를 허용"하고 있어 오히려 낙태를 조장하고 있습니다. 이 조항은 장애에 대한 공포심을 느끼게 하고 있으며, 이 조항 때문에 '장애아일지도 모른다'는 과학적으로 희박한 근거 때문에 생명을 잃는 태아가 발생합니다. 또 "임신의 지속이 보건의학적 이유로 모

1 『한국에서 장애학 하기』, 「장애의 윤리학에 관한 소고」, 조한진 외, 학지사, 2013.

체의 건강에 장애가 될 때"에도 낙태를 허용하고 있어 터울 수를 조절해야 하거나 경제적인 이유로 장애 여성 자신의 의사와는 무관하게 주변으로부터 낙태를 강요당하는 근거가 되고 있습니다. 모자보건법에서 장애아 낙태를 허용하는 관련 규정은 없어져야 합니다.

어머니, 우리를 죽이지 마세요

한편, 우리나라에서는 아직도 장애인이 가족에게 죽임을 당하는 사건이 심심치 않게 발생하고 있습니다. 2010년, 2개월 된 장애 여아가 30대 어머니에 의해 살해당하는 사건이 일어났습니다. 그러나 자수했고 남편 등 가족이 처벌을 원치 않고 있다는 이유로 그 어머니는 징역 3년에 집행유예 5년을 선고받았습니다. 이러한 법원의 판결에 대해 장애인들의 항의가 빗발쳤습니다.

그뿐 아닙니다. 2013년 서울 관악구에서는 열일곱 살 된 발달 장애 아들을 살해하고 자살한 아버지가 있었습니다. 그는 이 땅에서 발달 장애인을 둔 가족으로 살아가기가 너무 힘들기에 아들을 데리고 간다는 내용의 유서를 남겼습니다.

2015년에는 광주에서 5살 된 발달 장애 아들과 함께 가족 세 명이 동반 자살하는 사건도 있었어요.

이웃 나라 일본의 경우 중증뇌성마비 장애인들의 모임 〈푸른잔디회(아오이시바)〉에서는 장애인의 생명에 대한 사회적 태도에 대해 거세게 항의하는 활동을 했습니다. 1970년 5월, 요코하마에서 장애가 있는 자신의 아이를 살해한 어머니가 구속되는 사건이 발단이 되었습니다. 사건 이후에 지역 주민들의 모임에서 아이를 살해한 엄마에 대한 감형 탄원 운동을 시작했습니다.

〈푸른잔디회〉는 장애인인 자신들의 존재가 사회적으로 긍정되지 못하는 현실과 "차라리 죽는 것이 낫다"고 이야기하는 사회에 대해서 문제를 제기했습니다. 또한 부모들조차도 자신들을 한 사람의 존재로서 인정하지 않는다고 지적[2]했습니다. 장애가 있는 자신들은 죽어도 되는 존재냐는 물음과 함께 '어머니, 우리를 죽이지 마세요'라는 구호를 들고 나선 것이었습니다.

〈푸른잔디회〉에서는 장애인의 존재를 고려하지 않고 설계된 사회는 애초에 잘못 만들어진 사회라는 인식을 바탕으로

2 『생의 기법』, 다테이와 신야 외 지음, 한국장애인단체총연합회, 2010년.

비장애인의 문명을 부정하는 운동을 펼쳤습니다. 이 운동은 대한민국의 현재를 사는 지금 우리에게도 시사하는 바가 큽니다. 장애가 있다면 차라리 죽는 게 낫다는 생각을 하게 만드는 사회는 좋은 사회가 아닙니다. 부모에게 죽임을 당하는 장애 태아, 장애인들이 있는 한 그 사회는 안전한 사회라 할 수 없습니다.

우리 안의 괴물

2016년 7월 26일 새벽, 일본 가나가와현 사가미하라시의 장애인 시설 〈쓰구이야마유리엔〉에서 집단 살인 사건이 벌어졌습니다. 참으로 참담합니다. 전 세계를 충격으로 몰아넣을 만큼 엄청난 사건이었습니다. 한 남성이 이 시설에 난입해 흉기를 휘둘러 19명을 살해하고 26명에게 중상을 입혔습니다. 범인은 사건이 일어난 그 시설에서 3년 넘게 일하다가 해고된 사람이었습니다.

현지 언론은 그가 과거에도 주변 종사자들에게 "장애인은 차라리 죽는 편이 가족에게 편하다"는 등 장애인에 대한 혐오 발언을 일삼았다고 전했습니다. 그 사람은 중의원 의장에게 "제 목표는 중증 장애인이 가정과 사회에서의 생활이 극히 불가능한 경우, 보호자의 동의를 얻어 안락사가 가능한 세계입니다."라고 적은 편지를 전달하려고 시도하기도 했다고 알려졌습니다.

범인이 저항할 수조차 없는 수많은 목숨을 살해한 끔찍한 범죄를 저질러서 그렇지, 누구나 장애인이 살 가치가 없고 가족에게 짐이 되며 차라리 죽는 게 낫다는 생각을 한두 번씩 하지 않은 사람은 없을 것입니다. 즉 장애인을 없는 존재처럼 여기고 권리를 지닌 동등한 존재로 존중하며 장애인이 함께 살아갈 수 있도록 환경을 만드는 노력을 게을리하는 사회에서는 장애 혐오가 존재할 수밖에 없습니다. 그리고 계속해서 극단적인 행위를 저지르는 괴물이 나타날 수밖에 없습니다.

한꺼번에 스무 명 가까운 장애인의 목숨을 앗아간 끔찍한 범죄자를 손가락질하며 그를 괴물로 몰아가는 것은 쉽습니다. 차라리 괴물로 몰아가야 평범한 우리들과는 완전히 별개의 사람, 인간이라고 할 수 없는 사람으로 여기고 그를 우리 곁에서 추방함으로써 다시 일상으로 돌아올 수 있으니까요. 허나 왜 그런 괴물이 나타나게 되었으며, 다시는 그런 괴물이 나타나지 않으려면 어떻게 해야 하는가가 중요합니다.

장애인은 누군가의 도움 없이는 살아갈 수 없는 존재입니다. 그러나 누군가의 도움이 필요하다고 해서 비장애인보다 열등한 존재인 것은 아닙니다. 사람이 사람답다는 것은 능력으로만 판단되는 문제가 아니니까요. 도움이 필요해도 살아갈 가치가 덜하거나 없는 것은 더욱 아닙니다.

만일 그런 이유로 장애인을 열등한 존재 취급한다면 옳지 못한 생각입니다. 아니, 어떤 사람을 다른 사람, 혹은 자신과 견주어 열등한지, 우월한지를 기준으로 판단하는 것 자체가 문제입니다. 사람은 그리 단순한 존재가 아니기에 섣불리 한 가지 잣대를 들이대 함부로 판단하지 말아야 할 것입니다.

생명과 관련해서는 더욱 그렇습니다. 어떤 사람의 생명이 다른 사람의 생명보다 더 가치 있고, 덜 가치 있으며, 가치가 덜한 생명의 경우 함부로 취급해도 된다고 하는 생각은 혐오를 넘어 무수히 약한 생명을 부정하고 죽이는 폭력입니다. 장애인이 더이상 그 폭력의 희생물이 되게 해서는 안 됩니다. 우리 사회가 해야 할 일이 많습니다.

4 누가
장애인에게
성욕을
느끼겠나?

서지현 검사의 용기 있는 폭로를 계기로 '미투 운동'이 돌 풍을 일으켰습니다. 그러면서 우리 사회에서 오랫동안 묻혀 왔던 성폭력 문제가 수면 위로 떠올랐지요. 사람들은 새삼스 럽게 주위를 둘러보았고, 몸과 마음의 매무새를 가다듬는 계 기로 삼았습니다.

성폭력 가해자들은 우월한 지위를 이용해 자신보다 약한 위치에 있는 사람을 성적으로 농락하고 위해를 가해 왔습니 다. 오랜 세월 어떤 제지도 없이 행해 오던 악행이 만천하에 드러나고 대중들에게 비난과 외면을 당하게 됐습니다. 늦었지 만 반가운 일이지요.

정의와 민주주의가 살아 있는 사회라면 당연히 그래야 했습니다. 그러나 우리 사회에서 이 문제는 특히 고질적인 문제였기 때문에 변해 가는 사회 분위기를 인지하지 못하고 여전히 과거 속에 사는 가해자들도 당연히 있었습니다. 대부분의 가해자들은 처음에 성폭력 사실을 부인하다가 여론의 뭇매를 맞게 되면 결국 시인하게 됩니다. 그 과정에서 피해자를 명예훼손, 무고죄로 고소하는 가해자도 있고 시인을 해 놓고도 끝내 범죄가 아니라 합의에 의한 관계라 주장하기도 합니다.

성폭력도 감지덕지하라고?

———

이창동 감독의 〈오아시스〉라는 영화가 있습니다. 전과 3범으로 2년 반 만에 출소한 홍종두와 뇌성마비 장애 여성 한공주가 주인공입니다. 사실 종두는 교통사고로 공주의 아버지를 숨지게 한 뺑소니범이었던 친형을 대신해 옥살이를 한 것이었습니다. 그런데도 형의 가족들에게 끝내 외면당하고 오갈 데조차 없어집니다. 별 생각 없이 피해자의 집을 찾아간 종두는 역시 가족들에게 버림을 받고 혼자 남겨진 공주와 맞닥뜨립니다. 그리고 공주는 그에게 성폭력을 당합니다.

공주에게 장애가 있었기 때문일까요? 누가 그런(?) 여자를 건드리고 싶겠냐며 잡아떼도 얼마든지 통하는 사회 분위기 때문에 장애 여성은 자주 성폭력의 피해를 입습니다. 더욱이 공주는 중증의 장애를 가졌기에 스스로를 옹호할 수 없는 조건인데다 누구에게도 보호받지 못하고 고립되어 있는 상태여서 쉽게 성폭력의 대상이 되었을 수 있습니다. 현실에서도 발달 장애 여성이 자주 성폭력의 피해를 입는 것은 스스로를 옹호하지 못하고 제대로 된 보호를 받지 못하기 때문입니다. 우리 사회는 취약한 위치와 조건에 있는 여성들을 보호할 수 있는 체계가 아직도 부족합니다. 〈유엔무역개발회의(UNCTAD)〉에서 선진국 그룹으로 인정한 대한민국으로서는 부끄러운 일입니다.

성폭력 가해자들은 자신이 저지른 폭력을 대부분 범죄로 인정하지 않고 합의된 관계라 항변합니다. 상대의 고통은 아랑곳하지 않기 때문입니다. 심지어 상대가 장애 여성인 경우 폭력은 시혜나 온정쯤으로 미화되기까지 합니다. 장애 여성은 성적 매력이 없어 아무도 거들떠보지 않으니 오히려 좋은 일 아니냐는 것입니다. 그럼 장애 여성은 성폭력도 감지덕지해야 할까요? 장애 여성이라는 취약성을 이용해 가해를 한 것마저도 상대를 위한(?) 배려의 행위로 둔갑시키다니 놀라울 따름입니다. 이 세상에서 성폭력을 감지덕지할 사람은 단 한 사람도 없을 것입니다.

의외인 건 공주가 자신에게 성폭력을 가한 종두에게 전화를 걸어 만나자고 하는 것입니다. 어쩌면 더이상 밀릴 곳이 없는 세상 끝에서 두 사람에게 다른 선택의 여지가 없었을지도 모릅니다. 그렇게 모든 사람이 싫어하는 남자인 종두와 세상으로부터 소외된 공주의 사랑이 시작됩니다. 세상 사람들 눈으로는 두 사람의 사랑이 도저히 이해되지 않을지라도……

결국 종두는 성폭력 가해자로 몰려 잡혀갑니다. 공주가 아니라고 항변을 하지만 전달되지 않습니다. 그리고 올케가 공주 대신 진실과 다른 진술을 합니다. 공주의 의사는 물어보지도 않은 채 종두를 가해자로 몰아간 것입니다. 공주의 가족도 종두의 가족도 모두 철저하게 자신들의 이익만을 추구할 뿐입니다. 공주의 오빠는 사건을 이용해 합의금을 챙길 궁리만 하고, 종두의 형은 아예 동생을 격리시킬 호기로 여깁니다.

종두 역시 끝내 발뺌하지 않았습니다. 아마도 종두는 공주에게 진심이었던 듯합니다. 그래서 종두와 공주의 침묵이 인위적으로 보이지는 않습니다. 실제 우리가 살고 있는 현실은 종두와 공주 같은 약자들의 목소리가 어느 한군데에서도 받아들여지지 않는 철저히 '그들만의 세상'이기 때문입니다. 만일 공주와 종두가 항변했다 해도 제대로 받아들여졌을 가능성은 희박해 보입니다. 그런 점에서 이 영화의 리얼리티는 살아 있습니다.

이문열의 소설 『아가』라는 작품에도 장애 여성이 등장합니다. 소설가 이문열은 이 작품 속 주인공으로 온갖 장애를 복합적으로 갖고 있는 여성 당편이를 등장시켰습니다. 그러면서 장애 여성을 철저히 타자화하고 대상화시켰기에 장애 여성 당사자들에게 엄청나게 비판을 받았습니다.

주인공 당편이는 마을 남성들의 성적 대상이 되어 조롱당하고 성폭행까지 당했습니다. 하지만 작가는 이를 무지한 당편이가 "성에 대해 알아 가는 과정"으로 그렸습니다. 또 아무도 관심을 가져 주지 않는 존재를 오히려 남성들이 성적 존재로 삼아 줌으로써 인간으로 대접해 준 것이고 마을 공동체에서 포용해 준 것으로 표현했습니다. 이 자가당착에 해당하는 사고방식이 비판을 받은 것은 당연한 일이었습니다.

성욕을 중심에 놓고 남녀의 성관계를 바라보는 시각도 문제지만 성적 결합을 우월한 남성이 열등한 여성에게 베푸는 시혜쯤으로 여기는 남성 우월적인 시각도 한심하기 짝이 없습니다. 장애인을 향한 혐오 발언을 강단에서 학생들에게 거르지 않고 내뱉는 사람들이 있는 것이 사실입니다. 그 사실 자체보다 더 큰 문제는 그들이 자신의 잘못을 끝내 인정하지 못한다는 사실입니다.

추녀, 세상이 만들어 낸 장애

여성 혐오 중에서도 특히 못생긴 여성, 뚱뚱한 여성에 대한 혐오는 우리 사회에 널리 퍼져 있습니다. 개그우먼 강유미는 "백억 원 있는 강유미랑 빈털터리 김태희랑 누구랑 결혼할래?" 같은 조롱을 받으며 못생긴 여자의 대명사로 불렸습니다. 그게 싫어 위험한 양악 수술까지 했다고 하지요. 하지만 못생긴 여자를 조롱하며 그가 무대에서 망가지는 모습을 즐기는 사람들이 있기에 강유미 씨 이후로도 못생긴 개그우먼은 계속 양산되고 있습니다. 이러한 상황은 무대 위에서 그치지 않으며 현실에서도 마찬가지로 재현됩니다. 뚱뚱한 여자는 못생긴데다 자기 관리까지 하지 않는 게으른 여자라는 비난을 들으며 이중, 삼중의 조롱을 감수해야 합니다.

박민규의 소설 『죽은 왕녀를 위한 파반느』에는 못생긴 여자가 등장합니다. 소설 속의 여주인공은 스스로를 "세상이 만들어 낸 장애인"이라고 표현했어요. 사실, 이 세상 모든 장애인은 '세상이 만들어 낸' 장애인입니다. 장애인들은 장애 그 자체로 고통받는 것이 아니라, 장애가 있다는 이유만으로 분리하거나 기회를 제한하는 차별 때문에 고통받고 있기 때문입니다.

주인공은 여섯 살 때 "야! 이 못난아!"라는 놀림을 처음 들었고, 메주, 미친 메주, 호박, 돼지, 괴물 같은 지독한 별명들과 한덩어리의 삶을 살았습니다. 누구에게도 사랑받지 못하리란 절망을 안고 사회생활을 시작했고, 온갖 불이익을 견디며 삶을 이어 갔습니다.

소설 속 여주인공은 분명 장애 여성인 나, 우리들과 매우 비슷한 경험을 하고 있었습니다. 단지, 못생겼다는 이유 하나만으로 말입니다. 소설의 화자인 '나'는 그런 주인공을 사랑하면서도 용기를 내지 못합니다. 그 사랑이 진심이었을까 의심하는 마음을 독자들이 가질 만큼 머뭇거립니다. 여성 혐오, 장애 혐오를 그럴듯하게 포장한 소설인 것입니다.

편견이 오해를 만났을 때

다시 성폭력 문제로 돌아가 보겠습니다. 드라마에는 잘생긴 남자가 여자에게 거칠게 사랑 고백을 하거나 성폭력에 해당하는 행동을 하는 장면이 심심찮게 등장합니다. 상대의 동의를 구하지 않고 하는 일방적인 행동은 대부분 성폭력에 해당하는데 여자들이 거부 의사를 밝혀도 그것을 거부로 받아들이지 않는 태도, 심지어 그런 폭력을 여자들도 좋아할 것이라고 여기는 풍조가 우리 사회에는 분명히 있습니다. 특히 '잘생기면 모든 게 용서'되는 사회적 분위기를 잘 아는 사람들이 빚어내는 오만과 뻔뻔한 장면들은 참기 힘들 정도입니다. 외모지상주의는 잘생기지 못하고 예쁘거나 날씬하지 않은 사람들에 대한 차별로 이어지는데, 이 외모 차별이 장애 차별과 만나 심각한 장애 혐오를 낳기도 합니다.

2016년의 일이었습니다. 지적 장애를 갖고 있는 한 청년이 버스 옆자리에 앉은 이십 대 여성의 허벅지를 손으로 만져 성추행 혐의로 입건됐습니다. 그는 늘 내리던 버스 정류장에 피해자와 함께 내렸는데 '추가 범행을 하러 쫓아왔다'는 오해까지 샀습니다. 그는 지적 장애인인데도 진술 조력을 전혀 받지 못해 범행 동기를 소명하지 못했습니다. 결국 여성은 "장애인이라 더 기분 나쁘다"는 말까지 하며 합의금 4백만 원을 요구했습니다.[1]

지적 장애를 포함한 발달 장애인의 경우 성범죄의 피해를 입는 경우가 많지만 반대의 경우도 있습니다. 물론, 실제 범죄를 고의로 저지르는 장애인도 있습니다. 하지만 고의가 아니거나 자신이 무엇을 잘못했는지 모르는 경우가 많습니다. 우리 사회는 오랫동안 장애인, 특히 발달 장애인을 성적 존재, 나아가 성적 권리를 지닌 주체로 받아들이지 않았기에 올바른 성 의식을 가질 수 있는 기회가 없었습니다. 특히 발달 장애인의 경우 진술 능력이 부족한데도 적절한 조력을 받지 못해 제대로 구제를 받지 못하는 일이 많습니다.

2021년 3월에 버스에서 음란 행위를 했다는 누명을 쓴 발달 장애인이 있었습니다. 그는 "허벅지가 가려워서 긁었다"고 진술했지만 이 진술은 받아들여지지 않았습니다. 가해자로 지목된 발달 장애인의 경우 신뢰 관계인이 동석을 해야 최소한의 진술권이 보장되고 억울한 누명을 쓰지 않을 수 있습니다. 그런데 경찰은 피의자 조사를 하면서 신뢰 관계인을 동석시키지 않았습니다. 피의자였던 발달 장애인은 '불러 주는 대로 진술서를 쓰면 집에 갈 수 있다'는 현장 경찰관 말을 듣고 자백 진술서를 썼다고 합니다. 발달 장애인과 그의 부모는 무죄를 주장하며 억울한 누명을 벗고자 백방으로 노력하고 있

1 『한국일보』, 2016년 5월 2일.

다고 합니다.[2]

앞에서 언급했던 2016년 사건의 경우, 피해자 입장에서는 가해자가 발달 장애인이라 해도 자신이 겪은 피해에 대한 억울함이 해소되지는 않겠지요. 자칫 발달 장애인에 대한 옹호가 성범죄 가해자에 대한 보호 행위로 비춰질 수도 있기 때문에 변호에도 어려움이 많습니다.

그럼에도 "장애인이라 더 기분 나쁘다"는 말은 되새겨보아야 합니다. 장애인에 대한 무시와 경멸이 깔려 있을 가능성이 있으니까요. '장애인 주제에 성범죄를……'이라고 하는 구분이 전제되어 있을 수도 있기 때문입니다.

물론 성범죄를 행한 가해자가 장애인이라고 해서 그 처벌에 예외를 두어서는 안 됩니다. 장애인 중에는 착한 사람도 있지만 나쁜 사람, 범죄자도 분명 있을 수 있습니다. 따라서 내 주변에 함께 살아가고 있는 착하기도 하고 나쁘기도 한 인간의 범주에서 장애인을 배제하는 것은 자연스럽지 못합니다.

성범죄 자체가 나쁜 것이지 가해 당사자가 잘생긴 남자인

2 「성범죄 누명 쓴 발달 장애인, 경찰 부실 수사 정황도」, 『노컷뉴스』, 2021년 3월 3일.

지, 못생긴 남자인지, 비장애인인지 장애인인지는 중요한 문제가 아닙니다. 잘생긴 남자에게 성범죄 피해를 당했다 해서 결코 좋아할 일은 아니니까요. 발달 장애인 역시 잘 모르고 저질렀을지언정 범죄가 인정된다면 마땅한 처벌을 받아야 할 것입니다. 다만 가해자에게도 최소한의 인권이 있기에 혐오 표현만은 삼가야 하겠습니다.

3부

숨어 있는
장애 혐오 표현

미친
존재감

2020년 9월에 〈18 어게인〉라는 드라마가 방영되었습니다. 한 남자가 이혼 직전에 18년 전 고등학생 시절로 돌아가는 설정의 드라마입니다. 이 드라마에서 학생주임 역을 맡은 김중기라는 배우의 연기를 두고 "미친 존재감"이라는 극찬이 쏟아졌습니다. 주인공 이도현이 자신의 두 쌍둥이 자녀의 예상치 못했던 학교생활에 개입하는 일촉즉발의 상황에서 배우 김중기가 불시에 등장해서 극의 몰입도를 높이는 "미친 존재감"을 선보였다는 것입니다. 저는 이 말이 몹시 불편했습니다.

"미친 존재감"은 주인공이 아닌데도 자연스럽게 눈에 띌 정도로 엄청난 존재감을 드러내, 등장만으로도 강렬한 인상을 주는 캐릭터나 인물을 이르는 말입니다. 예전에 〈무한도전〉의 정형돈에게는 "미존개오(미친 존재감 개화동 오렌지족)"라는 별명이 붙기도 했습니다. 그만큼 사람들 입에 흔히 오르내리는 표현입니다. 드라마나 예능 프로그램에서 존재감이 거의 없어 "공기, 병풍, 투명인간"이라 불리는 사람과는 반대되는 표현이라 할 수 있겠습니다.

　대중의 주목을 받아야만 살아남을 수 있는 연예인의 경우 "미친 존재감"이라는 수식어로 대중들에게 부각되는 건 좋은 현상임에 틀림없습니다. 그런 이유로 연예인 쪽에서 오히려 "미친 존재감"을 어필하기 위해 갖은 노력을 다하기도 합니다. 간혹 없는 존재감마저 "미친 존재감"으로 포장하는 경우도 허다해 보입니다.

칭찬인 듯 칭찬 아닌

　그런데 왜 하필 "미친" 존재감일까요? "강력한, 굉장한, 엄청난, 대단한"이라는 수식어 정도로는 왠지 부족하게 여겨지기 때문일 것입니다. 심지어 "폭발적인"이라는 센 표현이나 한동안 유행했던 "끝내주는"이라는 표현조차 진부하게 느껴지다 보니 더욱더 자극적인 수식어가 등장하게 되었을 것입니다. "미친"이라는 수식어에는 "상식을 뛰어넘는", 혹은 "보통 사람들의 상상력을 파괴할 정도"라는 뜻이 담겨 있습니다.

그렇게 "미친 존재감"이라는 표현이 광범위하게 유통되다 보니 "미친"이라는 수식어가 매우 속 시원하고 열정적인 표현의 대명사처럼 자리 잡아가고 있습니다. 사람들이 어쩌면 빛을 보지 못했을 수도 있는 인물의 "미친 존재감"에 그토록 환호하는 이유는 주목받지 못했던 무대 위 인물에게 쏟아지는 스포트라이트를 통해 대리만족하고, 그 사람의 성공에 감정 이입하기 때문이 아닐까요?

"미친 존재감" 외에도 우리는 일상생활에서 의식적으로든 무의식적으로든 자주 "미쳤다"는 표현을 씁니다. 다소 황당한 말이나 행동을 접했을 때 "미친 거 아냐?"라고 표현하는가 하면, 강한 부정이 필요할 때도 "내가 미쳤어? 그런 걸 하게?"라며 단호한 태도를 보이곤 합니다. 마음이 복잡하고 괴로울 때도 "미치겠어"라는 표현을 서슴없이 사용합니다.

그뿐 아닙니다. "내가 미쳤어~ 내가 미쳤어" 하며 이별을 후회하는 노래가 인기를 끌고, "내가 또 미쳤지" 하며 헤어진 연인에게 다시 연락을 해 버린 자신을 한탄하는 노래까지 흘러나옵니다.

이렇게 일상에서 자주 쓰이다 보니 "미쳤다"는 표현은 장애 비하 혹은 장애 혐오와는 별 관련이 없어 보이기까지 합니다. 심지어 "미친 존재감"은 긍정적인 표현으로까지 여겨집니다. 과연 그럴까요?

욕할 때마다 들먹이는 정신장애

'미쳤다'는 것은 "정신에 이상이 생겨 말과 행동이 보통 사람과 다르게 되었다"는 뜻입니다(〈네이버〉 국어사전). "(낮잡는 뜻으로) 상식에서 벗어나는 행동을 한다"(〈네이버〉 국어사전)는 뜻으로 남을 비난할 때 자주 사용됩니다. '미친 사람'은 정신장애인을 가리키는 말인데, 어떤 사람을 비난하는 근거로 그 사람이 정신 질환을 가지고 있는 점을 들먹이거나 비난할 만한 대상이기에 정신 질환을 가지고 있을 것이라는 인식을 바탕으로 하고 있습니다.

우리가 흔히 어떤 사람을 가리켜 "미친놈", "미친년"이라고 표현할 때는 **실제로 정신 질환을 가지고 있는 사람**에 대한 직접적인 표현이기보다는 정신 질환을 가지고 있는지 의심할 만큼 상식에서 벗어나는 행동에 대해 비난하려는 의도가 강하다고

💬 정신장애

장애인복지법에 의하면, 정신장애란 "지속적인 정신분열병, 분열형 정동장애(情動障碍 : 여러 현실 상황에서 부적절한 정서 반응을 보이는 장애), 양극성 정동장애 및 반복성 우울장애에 따른 감정조절·행동·사고 기능 및 능력의 장애로 인하여 일상생활이나 사회생활에 상당한 제약을 받아 다른 사람의 도움이 필요한 사람"을 가리킵니다. 보건복지부 장애인 실태 조사에 의하면, 2019년 기준으로 정신장애인은 10만 3천 명이며, 전체 장애인의 4퍼센트 정도입니다.

정신장애를 갖고 있는 사람은 개인차가 있지만, 대체로 스트레스에 약하고 피곤을 잘 느낍니다. 두통이 있거나 환각을 보기도 하고 환청을 듣기도 합니다. 새로운 경험을 하거나 환경이 바뀔 때 지나치게 긴장하고 불안감을 느끼는 경향이 있습니다. 자신의 페이스를 유지하려 하기 때문에 임기응변에 약한 특징도 있습니다.

하지만 정신장애인도 일상생활과 사회생활을 유지할 수 있습니다. 이를 위해서는 지역사회에서 정신장애인과 함께 살아갈 수 있는 준비가 필요합니다. 또한 자신이 원하지 않았는데 정신병원에 감금되는 것은 심각한 인권침해입니다. 정신장애인은 위험하다고 여겨 피하거나 멀리하며 일할 기회도 주지 않는 차별과 혐오가 없어져야 인간다운 삶을 살아갈 수 있습니다.

할 수 있습니다.

　대부분의 사람들은 "미친놈", "미친년"이 정신장애인과 관련 있는 말이라는 의식을 하지 않고 누군가를 비난하거나 욕을 할 때 사용합니다. 그런데 자신과 아무 관련 없는 일에 정신장애를 들먹이며 욕을 하는 것은 온당치 않습니다. 그것은 정신장애인들의 존엄성을 훼손하는 말이기 때문이지요. 따라서 명백히 낮잡고 비난하는 뜻으로 사용되는 "미쳤다", "미친"이라는 표현은 삼가야 합니다.

장애인을 배제하려는 무의식

———

　어떤 사람에게 "미쳤다", "미친"이라는 표현을 하는 것에는 그 사람이 정상이 아니라는 뜻을 담고 있습니다. 거기에서 그치지 않습니다. 좀 더 나아가 정상이 아니므로 보통의, 평균적인 부류에 포함시키지 않아도 된다, 포함시키지 않겠다, 내쫓겠다는 적극적인 의미가 숨어 있습니다.

　유사 이래로 정신장애인들은 정상의 범주에서 벗어난 사람으로 분류되고 사회 구성원으로부터 추방당해 왔습니다. 그러므로 누군가에게 "미쳤다"고 이야기한다는 것은 상대를 나와 다른 부류로 분류하고, 나와 동등한 사람으로 인정하지 않으며 결국 자신과 관계 맺을 사람이 아니라고 선언하는 것이나 마찬가지입니다.

그러므로 "미쳤다"는 표현은, 정상이 아니니 사회에서 격리하겠다, 정신병원에 갇혀 있는 환자들처럼 살고 싶으냐는 표현에 다름아닙니다. 정신장애인은 그리 위험한 존재도 아니고 정신장애를 갖고 있다고 해서 평생 정신병원에서 살아야 하는 것도 아닙니다. 그런데도 우리 사회에서는 정신장애인을 이야기할 때 온전히 사람 구실 하지 못하는 존재로 무시하거나 되도록 멀리 해야 하는 존재로 보는 혐오의 문화가 꾸준히 양산되고 있습니다.

엄연한 여성 혐오 사건이었는데도 애써 '한 정신병자가 저지른 개인적인 범죄행위'로 몰아가고자 했던 강남역 여성 살해 사건이 좋은 예입니다. 따라서 의도적인 혐오 표현이 아닐지라도 "미친 존재감"이라는 표현에 담긴 숨은 뜻마저 경계할 필요가 있겠습니다.

"미친 존재감" 다음엔 어떤 수식어가 유행하게 될까요? '끝판', '종결자'도 모자라 점점 더 자극적인 표현으로 옮겨 가고 있는 추세입니다. 그러나 부디 장애를 들먹이는 표현만은 더 이상 유통되지 않기를 바랍니다. 그렇지 않아도 장애인은 이미 온갖 차별에 시달리며 사회에서 격리되지 않으려고 발버둥 치고 있으니까요.

2018년 평창동계올림픽에 이어 열렸던 패럴림픽은 우리 사회에서 장애인에 대한 관심이 많이 늘어났음을 확인할 수 있었던 시간이었어요. 그러나 시작부터 끝까지 장애인 선수들을 가리켜 장애 극복이니 어쩌니 찬사를 보내는 언론의 태도는 매우 불편했습니다. 장애인 스포츠를 장애 극복의 수단으로만 한정 짓는 진부한 시각이기 때문입니다. 그중에서도 최악은 장애인 아이스하키 국가대표팀 주장 한민수에게 등에 멘 가방에 성화봉을 장착하고 로프를 잡고 나머지 슬로프를 오르게 한 장면이었습니다. 이런 불필요한 연출을 두고 장애 극복이라며 찬사를 보내기까지 했습니다.

개막식에서 극비에 붙여졌던 성화 점화가 장애인 선수들에 의해 이루어진 건 좋았습니다. 근데 시각장애인 양재림과 가이드 러너에게 성화를 전해 받은 장애인 아이스하키 국가대표팀 주장 한민수가 슬로프를 오르는 장면은 충격적이었습니다. 신문에선 여지없이 "로프에 의지했다"고 표현했습니다. 장애인이 무언가를 잡거나 사용하면 왜 늘 의지한다고 표현하는지……. 등에 멘 성화봉도 불안정하고, 무엇보다 왜 그리 힘들게 올라가게 한 걸까요?

그런 거 안 시켜도 장애인 삶은 척박합니다. 마치 장애인 개개인에게 고통을 그런 식으로 감내하라는 것처럼 느껴져 가슴이 답답했습니다. 첨단 기술도 많은데, 한민수 선수가 무빙워크처럼 움직이는 경사로를 타고 가뿐하게 올라가게 하면 더 멋지지 않았을까요? 한민수 선수에게 이런 역할을 맡긴 사람은 아마도 장애인 삶에 대한 이해가 없는 사람이었을 겁니다. 장애인은 죽을힘을 다해서 비장애인과 비슷해질 수 있어야만 멋있어 보인다고 생각한 듯합니다. 장애를 갖고 있는 모습 그대로는 멋있을 수 없다고 여겼을 듯합니다. 한마디로 장애 극복 이데올로기에 너무도 충실한 연출이 아닐 수 없었습니다. 한국에서 열리는 전 세계인의 축제이기에 웬만하면 쓴소리 하고 싶지 않았지만 해도 너무 한다 싶었습니다.

장애를 '극복'해야 한다는 선의,
그러나 잘못된 강요

———

패럴림픽 기간 동안 한 후배의 어머니는 내내 텔레비전을 통해 중계되는 경기를 즐기셨다고 합니다. 평소 스포츠를 직접 하지는 않지만 배구 경기 보는 걸 무척 즐기는 편이었는데, 패럴림픽 경기 모두 재밌다 하시며 텔레비전 앞을 떠나지 않았습니다. 짐작컨대 패럴림픽 경기들이 비교적 규칙이 간단하고 동작이 격하지 않으니 어르신 입장에서 즐기기 편하셨던 모양입니다.

하루는 그 어머니가 동네 아주머니들과 패럴림픽에 대한 이야기를 하게 되었습니다. 한 분이 "텔레비전에서 장애인 경기를 왜 그렇게 많이 중계해 주는지 모르겠어. 짠해서 못 보겠던데." 하시더랍니다. 집에 돌아온 그 어머니가 한탄하셨습니다.

"아니, 장애인 경기도 경기인데, 왜 경기는 안 보고 짠하다느니 어쩌느니 하는지 모르겠어!"

장애인 스포츠도 그저 스포츠의 하나로 즐길 수 있어야 한다는 지당한 말씀이었습니다.

장애인들이 경기를 한다고 짠해 못 보겠다는 마음이 어떤 마음인지는 압니다. 그러나 스포츠는 스포츠, 승부로 보고 즐기는 게 맞습니다. 그리고 장애인도 스포츠를 즐길 수 있어야 합니다. 그중 뛰어난 성과를 통해 업적을 이루는 선수들이 나올 수 있으려면 다양한 지원이 이루어져야 하겠습니다.

성공한 장애인에게만 보내는 찬사

"장애인인데도 밝아 보여 좋다. 몸은 비록 불편하지만 꿋꿋하게 살아라. 너도 얼마든지 훌륭하게 될 수 있다."

제가 살아오면서 가장 많이 들었던 말입니다. 세상 사람들은 장애인들이 비뚤어진 심성에다 가난에 찌들어서 어둡고 음울하게 사는 것으로 알고 있는 모양입니다. 사실 장애인들은 대부분 가난합니다. 그렇다고 모두가 심성이 비뚤어지거나 어둡지는 않습니다. 대부분 밝은 모습으로 치열하게들 살고 있습니다.

교육도 받지 못하고, 세상 밖으로 나가지도 못한 채 평생 집안에만 갇혀 있다 보면 가난에서 벗어날 길이 막연합니다. 어렵사리 일할 능력을 갖추어도 곳곳에 도사리고 있는 편견 때문에 일자리를 구하기는 하늘의 별 따기입니다.

게다가 어디에서나 맞부딪치는 계단과 턱은 장애인들의 사회 진출을 가로막는 벽입니다. 지하철은 무료로 탈 수 있다지만, 휠체어를 탄 장애인은 지하철 타기가 쉽지 않습니다.

'그래도 장애를 이기고 성공한 장애인들이 얼마든지 있지 않나? 노력도 하지 않으면서 세상 탓만 하다니……'

물론 성공한 장애인도 있습니다. 그리고 그분들의 성공에 한없는 존경을 보냅니다. 하지만 우리 사회가 몇몇 성공한 장애인에게 지나친 찬사를 보내는 데는 뭔가 석연치 않은 구석이 있습니다.

성공한 장애인의 장애 극복 신화는 장애가 없거나 심하지 않으면서도 용기 있게 살아가지 못하는 무기력한 보통 사람들에게 경종을 주기 위해서는 아주 좋은 소재임이 틀림없습니다. 하지만 장애를 극복한 사람에게 무조건 감동하는 데 그치지 말고 한번쯤 의문을 제기해 볼 필요가 있습니다.

"장애는 반드시 개인적으로만 극복해야 하는 걸까?"

"장애인들의 사회 참여를 가로막는 요인들에 대해 애써 눈감기 위해 장애 극복의 신화를 퍼뜨리는 데 열중하는 건 아닐까?"

장애는 온 사회가 함께 고민할 문제

저는 지체 장애를 가지고 있는 여성입니다. 가난한 집안의 셋째 딸이었지만 장애를 교육으로라도 극복해야 한다고 여긴 부모님 덕에 교육을 무사히 마칠 수 있었습니다. 하지만 대학을 졸업하고도 오랫동안 실직 상태를 벗어나지 못했습니다. 우여곡절 끝에 어렵사리 채용이 된 경우는 보통 재정이 어려운 회사여서 저임금과 고강도 노동이 반드시 뒤따랐습니다. 일할 기회를 갖게 된 것만으로도 감사하며 열악한 근무 환경과 부당한 대우도 감수할 수밖에 없었습니다. 장애가 있는데도 몸이 부서지도록 일해야 했지요. 장애 극복을 위해서가 아니었습니다. 모두가 그렇듯이 한 인간으로서 자아를 실현하고 자신의 삶을 스스로 꾸려 나가기 위해서였습니다. 그런데도 삶은 그다지 나아지지 않았습니다.

노력이 부족해서는 아니었습니다. 그리고 주변의 장애인들을 돌아보면 그나마 저는 자리를 잡은 경우에 해당됩니다. 저보다 심한 장애인들, 교육을 받지 못한 장애인들은 일을 하고 싶어도 할 수가 없습니다. 대부분의 장애인들이 노력이 부족해서 삶의 질이 높아지지 못하는 걸까요?

저는 가끔 상상합니다. 만일 제가 장애를 개인적으로 극복하기 위해 투자한 노력과 시간을 고스란히 자기 계발을 위해 썼다면 지금쯤 어떻게 되어 있을까요?

장애인들은 장애라는 조건을 갖고 있기에 차별을 이기기 위해서 누구보다도 자기 계발에 많은 노력을 기울일 수밖에 없습니다. 그런 장애인들에게 굳이 극복을 강요하는 이면에는 숨겨진 논리가 있어 보입니다. 운이 나쁘거나 개인이 부주의 했거나 어떤 이유로든 장애를 갖게 된 것은 개인의 문제이니 각자 알아서 해결하라는 무서운 논리……

노력하지 않는데 삶이 저절로 좋아질 거라 믿는 사람은 아무도 없습니다. 그런데도 유독 장애인에게는 의존적인 삶, 무능력한 삶을 당연하게 여기지 말고 노력으로 극복하라 강요합니다. 어떤 장애인도 처음부터 무기력한 상태로 태어나지 않았습니다. 세상에 나가 보니 절망과 포기를 체득할 수밖에 없음을 알게 되었을 뿐입니다. 캠페인도 좋고 의식 개혁도 좋습니다. 그러나 그에 앞서 열심히 살아도 좌절을 먼저 맞닥뜨리는 보통의 장애인들의 조건을 바꿔 주는 사회적 노력이 먼저여야 합니다.

장애를 극복하고 인간 승리를 거둔 장애인들의 감동적인 삶이 많은 이들에게 귀감이 되어 서로의 고단한 삶을 격려하는 것도 나름대로 의미는 있습니다. 하지만 장애인의 교육을 가로막고, 장애인에게 일할 기회를 주지 않으면서 장애를 개인적으로만 극복하라고 강요하지는 않았으면 합니다.

장애는 극복할 수 있는 게 아닙니다. 장애인은 그저 장애를 갖고 살아가는 것뿐입니다.

3 마음의 장애인,
예비 장애인

    정도의 차이는 있겠지만 대부분의 사람들은 장애인을 대할 때 당황합니다. 평소 자연스럽게 장애인을 대할 기회가 많지 않아서입니다. 거리에서 장애인을 만나도 자신들과는 상관없는 사람이기에 그저 스쳐 지나는 경우가 대부분일 테니까요. 그래서 부득이하게 가까이에서 장애인과 대면해야 할 경우 어찌할 바를 모르고 우왕좌왕하게 됩니다.

    뜻밖의 장소에서는 더욱 그렇습니다. 가령, 인문학 강좌가 열리는 어떤 강연장에 휠체어를 탄 장애인이 나타나는 것은 아직도 낯선 풍경입니다. 장애와 아무 관련이 없는 주제일지라도 장애인 역시 인문학에 대한 욕구와 취향이 있을 수 있다는 걸 사람들은 자주 잊습니다. 만일 그 인문학 강좌의 강사가 장애인이라면 더욱 그럴 것입니다. 처음에 놀랐던 사람들은 강연 내내 혹시라도 부족한 점이 있지 않을까 불안해합니다. '어디 얼마나 잘하나 보자' 하며 냉소적인 태도를 보이거나 흠집을 찾아내고야 말겠다는 자세로 입술을 앙다무는 사람들도 있습니다.

장애인을 만나리라고 예상하기 어려운 뜻밖의 장소가 있다는 자체가 장애 차별이 존재한다는 반증일 것입니다. 2019년 기준으로 우리 나라 등록 장애인은 261만 8천 명입니다. 전체 인구 대비 5.1퍼센트 정도로, 스무 명 중 한 명이 장애인입니다. 그러니 장애인은 어디에서나 눈에 띄어야 합니다. 그런데 장애인, 하면 아직도 특수학교, 병원, 복지관, 거주 시설 등의 장소가 먼저 떠오릅니다. 아직도 비장애인과 분리되어 있기 때문이지요. 장소뿐 아니라 장애인의 위치 또한 고정되어 있습니다. 관리자, 제공자, 의사 결정자인 비장애인과 달리 장애인은 수혜자, 관리 대상자이며 언제나 낮은 위치에 처해 있습니다. 이 때문에 그러한 고정관념에서 벗어난 위치에 있는 장애인은 그 의외성 때문에 더욱 환대받지 못하는 경험을 하게 됩니다.

장애인을 배척하고 불편해하는 마음

몇 년 전 지역의 한 아파트 단지 내 작은 도서관의 관장으로 일한 적이 있었습니다. 그런데 일을 시작하기도 전에 아파트 주민들의 격한 반대에 부딪혔습니다. 겉으로는 전문 사서가 아니라는 이유를 내세웠지만 이유는 따로 있었습니다. 여러 이유 중에 장애도 한몫 했을 것으로 짐작되는데, 반대하는 주민들 사이에서 "서가에 책이나 꽂을 수 있겠느냐"는 말이 나왔다고 전해 들었습니다. 관장의 역할이 책을 꽂는 일에 국한되지 않는데도 십여 권의 책을 쓴 작가이자 문화 프로그램 운영자로서의 전문성은 인정되지 않고 장애만이 부각되었던 것입니다.

대단한 직책도 아닌 작은 도서관의 관장이라는 봉사직조차도 '한낱 장애인'에게 허용하는 것이 몹시 불편했던 모양이었습니다. 엄청난 저항 속에서도 정해진 임기를 잘 마치기는 했지만, 그때 인생 최대의 위기를 겪었습니다.

사실 장애를 갖게 된 이후 하루도 차별을 경험하지 않은 날이 없습니다. 그런데도 영문도 모른 채 집단적인 저항에 부딪혀야 했던 작은 도서관에서의 6개월은 이전에 겪었던 어떤 시련과도 비교할 수 없을 만큼 혹독했습니다.

이처럼 극단적인 사례가 아니더라도 아직 사람들은 장애인을 대할 때 자연스럽지 못한 태도를 보입니다. 그러다 보니 어색한 분위기를 풀어 보고자 상투적인 대사를 날리곤 하는데, 그중 하나가 "세상에는 마음의 장애인이 더 많아요"라는 말입니다. 자신은 장애인을 차별하지 않음을 강조하기 위한 나름의 시도인데, 이는 매우 위험한 발언입니다.

'마음의 장애인'이란 마음에 문제가 있는 사람, 즉 정신장애인을 가리키는 말로서 몸에 장애가 있는 신체장애인을 정신장애인과 구분하면서 정신장애인을 배제하는 말입니다. 결국 신체장애는 아무 문제가 없고 정신장애만이 심각한 문제라는 뜻인데, 신체장애를 가진 사람들에게 우호적인 태도를 보이기 위해 더 심각한 장애를 가진 정신장애인을 배척한다는 점에서 잘못된 생각입니다. 장애인 중에서도 덜 심하고 조금이라도 정상에 가까운 일부만 받아들이겠다는 것은 장애를 차별하는 인식 자체는 조금도 달라지지 않았음을 의미합니다. 그저 장애인을 대할 때 당황스럽고 불편했던 자신들의 부정적인 감정을 해소하기 위해 선별적인 태도를 보이는 것에 불과합니다.

모르고 쓰는 모욕의 말들

신체장애인과 정신장애인을 대비시키는 이런 구도는 정치인의 발언에서도 있었습니다. 2020년 1월에 여당의 정치인이 한 장애 비하 발언을 비판하기 위한 야당의 공식 논평에서 "몸이 불편한 사람이 장애인이 아니다. 삐뚤어진 마음과 그릇된 생각을 가진 사람이야말로 장애인"이라는 발표를 하는 웃지 못할 사건이 벌어졌습니다. 비하 발언을 모욕 발언으로 맞받은 셈인데, 우리 사회 장애인에 대한 인식의 단면을 한눈에 보여 준 해프닝입니다.

"몸이 불편한 사람이 장애인이 아니"라는 말은 신체장애인에게 우호적임을 강조하는 표현이며, "삐뚤어진 마음과 그릇된 생각을 가진 사람이야말로 장애인" 역시 신체장애인과 정신장애인을 구분하면서 정신장애인을 배척하는 표현입니다. 그리고 이 표현은 아무리 완곡해도 장애는 바람직하지 못하다는 의미를 내포하고 있다는 점에서 혐오 표현입니다.

말 한마디, 행동거지 하나를 조심해야 하는 정치인의 비하 발언을 비판하는 과정에서조차 무의식적으로 장애 혐오를 드러낼 만큼 우리 사회 장애 혐오는 뿌리가 깊습니다.

'예비 장애인'이라는 표현도 마찬가지입니다. 장애인에게 다가가기 위한 나름의 시도인 것은 좋지만 쉽게 사용되는 만큼 상투적이고 차별적인 발언입니다.

"언젠가 저도 장애인이 될 수 있다고 생각하거든요."

이 말을 듣고 장애가 없는 사람들과 쉽사리 동질감을 느낄 수 있으려면 우리 사회에 차별이 없어야 합니다. 바꾸어 말하면 우리 사회에서 겪는 무수한 차별이 있는 한 비장애인이 아무리 "우리는 너희와 같다"고 말해도 장애인들은 비장애인들과 자신이 같다고 느낄 수 없습니다.

게다가 누구나 장애인이 될 수도 있기 때문에 장애인과 함께하는 사회를 만들자는 건 언젠가 당신도 장애인이 될지 모르니까 재난(?)에 대비해서 보험 드는 셈치고 자선과 봉사를 하라는 말이 됩니다. 그러나 자선과 봉사를 많이 한다고 해서 미래에 장애인이 되지 않는다는 보장은 없습니다. 어느 사회나 구성원 중 장애인이 존재하기 때문에 그 장애인이 차별받지 않고 권리를 누릴 수 있도록 보장하는 것은 국가의 책무입니다. 그리고 그 책무를 어느 정도 이행하고 있느냐에 따라 그 사회의 성숙도가 가늠됩니다.

따라서 '나도 예비 장애인'이라는 논리를 가지고 개인의 자비심과 동정심에 기대어 문제를 해결하려 들 게 아니라 국가가 장애인의 권리를 보장하기 위한 적극적인 정책을 펼쳐야 하는 것입니다. '예비 장애인'이라는 표현은 국가가 책임을 다하지 않고 개인에게 책임을 전가하는 데 오용되는 위험한 논리입니다.

결정 장애, 분노조절 장애라고 하면 다인가

'결정 장애'라는 말이 언제부터인가 자주 쓰이고 있습니다. 정보가 넘쳐나는 시대에 오히려 선택과 결정이 어려워진 요즘 세태를 반영하는 말인 듯합니다. 언뜻 자신의 약점을 인정하는 겸손한 표현으로 들리기도 합니다. "나, 결정 장애야!' 하고 말해 버리면 다들 씩 웃어 주니까요.

그런데 그냥 웃어 넘기기에는 왠지 석연치가 않습니다. 자장면을 먹을지, 짬뽕을 먹을지와 같은 가벼운 결정이야 아무런 문제가 되지 않습니다. 오늘 못 먹은 건 내일 먹으면 되니까 크게 후회할 일도 잘못될 일도 아닙니다. 하지만 인생의 중요한 결정은 경우가 다릅니다. 내 인생의 주인공은 나이기 때문에 성숙한 어른이라면 내가 결정하고 그에 대한 책임도 내가 져야 합니다.

실제로 결정 장애를 갖고 있어서 심각한 어려움을 겪는 사람은 현실에서 그리 많지 않습니다. 그런데 너도 나도 '결정 장애'를 들먹이는 것은 결정을 하지 않고 책임도 지지 않겠다는 의미로 읽혀집니다. 물론 결정을 미루거나 회피하는 것도 선택의 하나일 수 있습니다. 이 경우 내 권한도 줄어들거나 없어질 수 있다는 점은 감안해야 합니다.

분노조절 장애라는 말도 자주 사용됩니다. 요즘 우리 사회는 분노 사회라고 일컬어질 만큼 많은 사람들이 무엇엔가에 화가 많이 나 있는 상태입니다. 그런데 왜, 무엇에 화가 났는지 알려고 하지 않고 분노조절 장애라며 장애 탓으로 돌리는 경향이 있습니다. 아마도 사람들은 장애 탓으로 돌리면 모든 문제에 면죄부를 받을 수 있다고 생각하는 모양입니다. 이는 비겁하게 장애를 들먹이며 장애 뒤로 숨는 현상입니다.

이에 대해 2021년 5월 2일, 범죄심리학자 박지선 교수가 〈알아두면 쓸데 있는 범죄 잡학사전〉이라는 프로그램에서 따끔한 말을 했습니다.

"분노조절 장애를 일상어로 쓰는데, 그건 장애가 아니다. 장애는 조절이 안 돼야 장애다. 앞차랑 시비가 붙어서 내렸는데 마동석이 나오면 분노가 쏙 들어간다. 마동석을 보고도 달려들어야 장애다. (…) 근데 내린 사람이 나보다 약해 보일 때만 분노를 표출한다면 그건 장애가 아니라 폭력"이라고 한 것입니다.

약한 상대에게 분노를 표출하는 것은 명백한 혐오 표현입니다. 혐오 표현을 해 놓고 분노조절 장애라며 합리화하는 것은 참으로 비겁한 행동입니다.

안면인식 장애라는 말도 비슷한 맥락이라고 할 수 있겠습니다. 실제로 안면인식 장애를 갖고 있다면 대인 관계, 사회생활에 심각한 제약을 겪게 됩니다. 그런데 안면인식 장애를 거론하는 사람들 대부분은 대인 관계에 서툴거나 부족한 정도이겠지요. 인간관계가 점점 더 복잡하고 어려워지고 있는 현실에서 안면인식 장애 운운하는 배경과 맥락은 충분히 이해가 됩니다. 그러나 자신의 부족한 점을 솔직히 인정하고 보완하려 하지 않고 장애를 들먹이는 것은 문제 해결에 아무 도움이 되지 않으며, 장애인들에게 보이지 않는 폭력이 될 뿐입니다.

혐오 문제라는 것을 인정하는 것부터

'나도 예비 장애인'이라는 말은 "당신도 언젠가는 늙는다"며 노인을 차별, 또는 혐오하지 말라는 것과 같은 맥락입니다, 하지만 아무리 캠페인을 해도 노인 차별과 혐오는 쉽게 줄어들지 않을 것입니다. 과거 존경받았던 노인들이 이 시대에 와서 짐스러운 존재가 될 수밖에 없는 사회적 맥락이 있기 때문입니다.

장애인도 마찬가지입니다. 장애 차별의 역사가 꽤 길긴 하지만 여성 혐오, 난민 혐오와 함께 최근 들어 장애 혐오가 더욱 심화된 사회적 맥락이 분명 있습니다.

장애인에 대해 관심을 갖지 않고 없는 존재처럼 여기던 시대에서 이제는 수시로 장애를 들먹이며 장애를 소비하는 시대로 바뀌어 가고 있습니다. 관심이 없는 것보다 나은 것처럼 보이지만 사실은 장애인에 대한 거부감의 다른 표현일 뿐입니다.

몇 명의 나쁜 사람들이 장애 혐오 문제를 일으키는 게 아닙니다. 무수히 많은 선량한 사람들이 차별하고 혐오하고 있고, 그 표현의 양상은 계속 진화하고 있습니다. 우리 모두는 장애인을 배제하고 혐오하는 문화 속에서 살고 있기 때문에 누구도 그러한 문화에서 자유롭다고 자신 있게 말할 수 없습니다. 오죽하면 '선량한 차별주의자'라는 말이 있을까요?

혐오 문제는 혐오 문제로 접근해야 해결될 수 있습니다. 혐오를 혐오 아니라고 애써 부정하고 다른 차원에서 접근하면

헛다리만 짚을 뿐 문제는 해결될 수 없습니다. 우리는 이미 강남역 여성 살해 사건에서 충분히 교훈을 얻은 바 있습니다.

4 역차별은 없다

장애 인권 단체에서 활동하면서 비장애 활동가들에게 자주 역차별에 대한 문제 제기를 받았습니다. 자신들의 업무량이 많으며 궂은일을 도맡아할 수밖에 없는 것이 억울하다는 것입니다. 장애인 활동가가 소화하는 업무량에 한계가 있고 상대적으로 열악한 몸의 조건 때문에 때로는 돌봄이 필요한 상황까지 벌어지니 불평불만이 생길 법도 합니다.

역차별이란 "부당한 차별을 받는 대상을 보호하기 위한 제도나 방침이 너무 급진적이어서 도리어 반대편이 차별을 당하게 되는 경우"(《다음》 어학 사전)를 말합니다. 사회적 약자에 대한 보호 정책이 어떤 상황에서 어떤 사람들에게는 사회적 약자에 대한 특혜로 비치고 그 결과 다른 대상들에게 부당하다는 생각을 갖게 하는 것입니다.

진정한 평등은 어디에서 올까

얼마 전 장애인 고용을 주제로 강의를 하던 중, 장애인 보호 작업장[1]에서 일하는 발달 장애인이 최저임금을 받지 못하는 것은 노동권 침해라는 점에 대해 강조하였습니다. 그러자 한 사회복지사로부터 질문을 받았는데, 장애인 보호 작업장에서 일하는 발달 장애인의 경우 하루 8시간을 일해도 생산량이 얼마 되지 않는다, 생산량을 채우기 위해서는 사회복지사들이 힘들게 일해야 한다, 그런데도 발달 장애인이 최저임금 이상을 받는 것은 불공평하지 않느냐는 것이었습니다. 일은 사회복지사들이 더 많이 하는데 발달 장애인이 최저임금 이상을 받는 것은 부당하므로 사회복지사들이 역차별당하는 것이라는 말이었습니다.

---

1   일반적인 직업 생활이 어려운 장애인들의 자활과 자립을 위하여 자신의 능력 및 적성에 맞는 근로 기회 및 유상의 임금을 제공하기 위하여 설립된 기관이다.

이런 불만은 '보호 고용 제도'의 취지를 제대로 이해하지 못하기 때문에 생기는 문제인 듯합니다. 장애인고용촉진및직업재활법 제14조에서는 "국가와 지방자치단체는 장애인 중 정상적인 작업 조건에서 일하기 어려운 장애인을 위하여 특정한 근로 환경을 제공하고 그 근로 환경에서 일할 수 있도록 보호 고용을 실시하여야 한다"고 장애인의 보호 고용을 제도적으로 보장하고 있습니다. 즉 일반 고용 시장에 진입하기 어려운 장애인을 보호하기 위해 마련된 제도가 보호 고용 제도인 것입니다. 그리고 보호 고용을 위해 보호 작업장에 여러 가지 지원을 해 주고 있습니다.

그런데 정부의 지원을 받아도 보호 작업장에서 일하는 장애인들의 생산량이 낮거나 판로를 개척하기 어려운 문제 등 여러 원인으로 인해 이윤이 많이 발생되지 못하는 현실적인 문제가 있습니다. 이 때문에 정부에서 장애인들의 최저 임금을 보전해 주어야 한다는 요구가 나오고 있는 것입니다. 결국 보호 고용 제도의 취지는 바람직하지만 정부의 지원이 충분하지 않아 장애인들은 하루 8시간 일을 하고도 최저임금을 받지 못하고 있는 실정입니다.

그래서 저는 역차별에 대한 질문에 이렇게 답변했습니다.

"발달 장애인이 일을 하고 임금을 받는 것은 정당한 권리입니다. 생활에 필요한 만큼 급여를 받는 것은 당연하고요. 그 사람이 얼마만큼의 생산성을 갖고 있는지와는 별개 문제입니다. 발달 장애인을 고용한 기업의 입장은 다르겠지요. 생산성 낮은 발달 장애인에게 최저임금을 주라고 기업에게 강요할 수는 없으니까요. 그래서 정부의 지원 정책이 필요한 겁니다. 누구도 손해 보는 사람이 없도록요."

하지만 조금만 따져 보아도 사회복지사들이 발달 장애인 때문에 억울한 입장에 처하게 되는 것이 아님을 누구나 알 수 있습니다. 오히려 그 발달 장애인들이 있어 사회복지사들의 일자리가 생긴 것이므로 발달 장애인들의 권익이 곧 사회복지사들의 권익이 된다는 점을 생각해야 합니다.

그런데도 장애 관련 기관에서 일하고 있는 사회복지사 중에는 장애인의 권리를 보장하기 위해 자신들의 권리가 침해당하고 있다고 여기는 사람들이 있습니다. 인권 교육을 마치고 질의 응답 시간에, 장애인들이 지나치게 권리를 주장해서 자신들의 권리가 침해당하고 있다, 자신들의 권리는 누가 찾아 주느냐는 질문을 받은 적도 있습니다. 사회복지 현장 자체가 열악하기 때문에 빚어진 현상으로 여겨지는데, 사회복지사들의 처우가 나빠서 희생을 강요당하고 있는 것은 장애인들의 권리가 지나치게 보장되기 때문이 아닙니다. 국가에서 사회복지사들의 노동권을 제대로 보장하지 못하고 있기 때문입니다.

그러므로 역차별 문제로 접근할 것이 아니라 사회복지사들의 노동권을 보장받기 위해 더 단결하고 더 목소리를 높여야 할 것입니다. 장애인은 스스로의 권익을 옹호하기 어려운 사회적 약자들이기에 국가에서 비용을 그리 많이 들이지 않는 범위 내에서 적극적인 정책을 펴는 것입니다. 사회복지사들의 경우 자신들의 권익을 옹호할 수 있는 충분한 힘을 갖고 있는 집단이므로 사회복지 현장을 바꾸기 위해 좀 더 힘을 모으는 지혜가 필요하겠습니다.

장애인에게는 문제가 없다

———

역차별 논란은 장애인뿐 아니라 다른 소수 집단들에게도 끊임없이 제기되고 있는 뜨거운 이슈입니다.

"이제 좀 솔직해 보시죠? 장그래가 우리라고 생각해요? 아니죠? 걔는 걔고 우리는 우리고……. 공평한 기회? 우리가 어떻게 걔와 공평한 기회를 나눠요? 이건 역차별이라고요!"
2014년에 방영됐던 드라마 〈미생〉에 나오는 대사입니다.

이 드라마에서 주인공 장그래의 인턴 동기는 고졸인 장그래가 좋은 대학을 나온 다른 인턴들을 제치고 입사 기회를 얻은 것에 대해 분개하며 역차별이라 주장합니다. 그는 자기 엄마가 자신의 사교육을 위해 얼마나 많은 돈을 썼는지, 중·고등학교 내내 잠도 제대로 못 자고 얼마나 열심히 공부했는지, 그리고 대학 때는 스펙 쌓느라 놀지도 못했고, 어학연수도 다녀오며 애썼다고 항변합니다. 한마디로 대학을 나온 자신보다 고졸인 주인공이 대접받는 건 부당하며, 저학력자인 사람은 자신과 같은 무리에 섞일 수 없다는 주장이었습니다.

고학력자와 저학력자는 출신 자체가 다르다는 이러한 생각 앞에서 장그래가 정당한 실력으로 심사위원들에게 높은 평가를 받은 것쯤은 고려 대상이 아니었습니다. 이런 사람의 기준으로는 아무리 자신의 능력을 발휘하려고 노력해도 저학력자는 인정받을 수 없는 사람, 인정받아서도 안 되는 사람일 것입니다.

이런 사고와 비슷한 것이 남성 역차별 문제입니다. 남성 역차별 문제는 여성 혐오 정서와 긴밀하게 연관되어 있습니다. 1999년 군 가산점제 위헌 판결이 있은 뒤 군대에 다녀온 남성들의 여성을 향한 비난과 공격이 가열되었습니다. 군 가산점 제도는, 1998년에 7급 공무원 시험에 응시했다가 군 가산점제 때문에 탈락한 이화여대 졸업생 다섯 명과 연세대 장애 학생 한 명이 형평성에 어긋난다며 헌법재판소에 헌법소원을 제기했고, 1999년 12월 23일에 재판관 전원 일치로 위헌 판결이 나 폐지된 제도입니다.

그 뒤 2000년에 여성부가 출범하고 여성 국회의원이 늘어났으며, 5급 이상의 공무원 시험에서 여성 합격자 수가 늘어나는 등 여성의 진출이 두드러지면서 남성들이 역차별당하고 있다는 담론이 퍼지기 시작했습니다. 그 후 20년의 세월이 흐르면서 이제는 여성주의를 부르짖는 적극적인 여성들만이 아니라 여성 일반을 싸잡아 비난하는 현상이 계속 확산되고 있습니다. 요즘 20~30대 남성들 사이에서는 여경을 비롯해 많은 부문에서 여성 할당제가 확대되고 있는 반면, 성희롱을 당한 남성 피해자는 오히려 무시를 당하는 등 역차별 문제 때문에 불이익을 받고 있다는 사고가 상당한 영향력을 갖고 있습니다.

법륜 스님의 강연 〈즉문즉답〉(2020. 9. 24.)에서도 누군가 남성 역차별에 대해 물었습니다. 그러자 스님이 이렇게 반문했습니다.

"질문자의 부모님이 재산이 많다고 합시다. 그러면 질문자는 그 재산을 물려받고 싶어요?"

이에 질문자는 대답했습니다.

"물려받고 싶습니다."

그러자 법륜 스님이 또 물었습니다.

"질문자의 부모님이 빚이 많다고 합시다. 그러면 질문자는 그 빚을 물려받고 싶어요?"

"안 받고 싶습니다."

질문자는 당연히 그렇게 답했습니다. 그 자리에 함께 있던 관객들은 모두 웃었습니다.

법륜 스님은 "지금 질문을 한 질문자의 심보가 이와 같다"면서 부모의 부를 물려받고 싶으면 빚도 물려받을 수밖에 없는 것처럼 "지난 3천 년 내지 5천 년 동안 가부장적인 환경에서 학대를 당한 여성들에게 남성들은 빚을 많이 졌으므로 빚을 갚아야 한다"고 했습니다. "부모가 진 빚을 내가 왜 갚아야 하나!" 반론도 있을 수 있으며, 그런 이유로 지금 20~30대 남성들 사이에서 굉장한 반발이 있는 것도 이해는 합니다. 그러나 지금 여성들의 주장은 수천 년간 억눌렸던 관계에서 벗어나 평등을 향해 나아가는 과정의 일부라는 사실을 이해해야 한다는 것입니다. 그 과정에서 남성 일부가 피해를 입을 수 있지만 긴 역사를 볼 때는 이런 과정을 거쳐야 비로소 불평등 문화가 바뀔 수 있습니다.

그럼, 너도 다리를 잘라

불평등 문화가 바뀔 때까지 역차별은 없다고 봐야 합니다. 장애인의 경우도 마찬가지입니다. 온갖 차별 때문에 현저히 낮은 사회적 위치에 머물러 있는 장애인의 권리를 보장하기 위해 몇몇 우대 정책, 지원 정책이 시행되고 있지만 장애인은 아직 비장애인과 동등한 출발선상에 서 있지 못합니다. 그 과정에서 장애인 때문에 역차별을 당한다 여기는 비장애인도 있을 수 있습니다. 그래 봤자 장애인이 엄청난 특혜를 누리고 있는 것도 아닙니다. 비장애인보다 훨씬 풍족하고 여유로운 삶을 사고 있는 것도 아닙니다. 딱 최소한의 배려만 하는 것이 장애인 복지 정책의 핵심이기 때문입니다.

현재 우리나라에서 시행되고 있는 장애인 복지 정책은 차별로 인해 누리지 못했던 최소한의 권리에 대한 보상 최저선입니다. 존엄선에는 현저히 미치지 못하고 있습니다.

가령, 지하철도 탈 수 없고 버스도 탈 수 없어 학교도 직장생활도 할 수 없는 장애인들의 이동권을 보장하기 위해 지하철 100퍼센트, 철도 50퍼센트 요금 감면 등의 제도를 실시하는 것이 그 예입니다. 지하철이나 철도 등은 공공재로서 장애인이 요금 감면을 받는다고 해서 비장애인의 권리를 침해하는 것이 아닌데도 이를 특혜로 여기는 사람들이 있습니다. 자기 것을 빼앗아서 주는 것도 아닌데 왜 이런 마음이 드는 걸까요? 장애인은 원래부터(?) 자신보다 낮은 위치에 있어야 하며, '우리' 안에 들어와서는 안 될 사람들이라고 여기는 혐오가 깔려 있는 것 같습니다.

법륜 스님은 남성 역차별에 대해 질문한 남성에게 "억울하다 생각하지 말고 남자로 태어난 죄라고 생각"하라며 답변을 마쳤습니다.

혹시라도 장애인이 특혜를 받아 자신들이 역차별을 당하고 있다고 여기는 사람에게 말해 주고 싶습니다.

"그럼, 너도 다리를 잘라!"

이누도 잇신 감독의 영화 〈조제, 호랑이 그리고 물고기들〉의 대사입니다. 주인공 조제의 장애 때문에 조제에게 남자친구를 빼앗겼다고 여기는 여자에게 조제는 이렇게 말합니다.

"그렇게 억울하면 당신도 다리를 잘라!"

'요즘 장애인들 살기에 세상 참 좋아졌다'며 은근히 뒤틀린 심보를 드러내는 사람들에게도 이 말을 해 주고 싶습니다.

장애인 공감 지수 확인을 위한 문제 풀이

1. 다음 중에서 장애인을 만났을 때 가장 적절한 태도를 취한 사람은 누구일까요?

① 휠체어를 타고 횡단보도를 건너려는 사람에게 "제가 밀어 드릴까요?"라며 도와줘도 되는지 물은 행인

② 시각장애인에게 주문을 받기 위해 "이분, 무엇을 드시고 싶어 하나요?"라며 활동보조인에게 대신 물어본 식당 직원

③ 시각장애 대학생이 교재를 제대로 볼 수 없기 때문에 학업을 따라가기 어렵다는 점이 안타까워 리포트와 시험을 면제해 준 교수님

④ 중증의 장애를 갖고 있어서 일상생활을 하기 힘든 장애인에게 차라리 시설에서 사는 게 좋겠다고 권하는 이웃

⑤ 가족과 함께 살지 않으면 제대로 돌봄을 받을 수 없다고 여겨 성인이 된 장애인의 자립 생활을 반대하는 부모

정답과 해설 ① 장애인에게 도움을 주고 싶어도 당사자에게 도움이 필요한지 물을 뒤 동의를 구하고 도와주는 것이 좋습니다.

2. 다음 중에서 시각장애인 안내견을 대하는 올바른 태도로 볼 수 있는 것은 무엇인가요?

① 먹을 것을 준다.

② 쓰다듬고 만져 준다.

③ 이름을 부른다.

④ 허락 없이 사진을 찍는다.

⑤ 버스에 태워 준다.

 정답과 해설

⑤ 안내견은 시각장애인의 파트너입니다. 애완견처럼 여기면 시각장애인의 안전을 위협할 수 있으니 주의해야 합니다.

3. 다음 중에서 장애를 비하하는 말에 해당하지 않는 것은 무엇인가요?

① 절름발이 행정

② 외눈박이 총리

③ 시청각장애인

④ 꿀 먹은 벙어리처럼

⑤ 집단적인 조현병 증세

 정답과 해설

③ 시청각장애인은 시각과 청각 두 곳에 장애가 있는 사람을 가리킵니다. '시청각중복장애인'이라고도 하는데, 헬렌 켈러가 바로 시청각장애인이었습니다.

4. 다음 중에서 틀린 사실은 어느 것일까요?

① 장애는 대부분 후천적으로 발생한다.

② 청각장애인은 모두 수어를 사용한다.

③ 뇌병변 장애인들은 지적 장애를 동반하는 경우가 많지 않다.

④ 신체장애인은 신체 내부 또는 외부에 눈에 띄는 기능장애를 갖고 있다.

⑤ 정신장애인 범죄율은 비장애인 범죄율보다 낮다.

정답과 해설

② 청각장애인이라고 해서 모두 수어를 사용하지는 않습니다. 정확한 통계는 아직 없으며 20퍼센트 정도가 수어를 사용하는 것으로 알려져 있습니다. 청각장애인들은 수어 말고도 구화나 필담, 문자 서비스 등 여러 가지 방식으로 소통을 합니다.

5. 다음 중에서 장애인에 대한 혐오 표현에 해당하는 것은?

① 장애인에게 어떤 장애를 갖고 있는지 물어본다.

② 장애인에게 어떤 도움이 필요한지 묻는다.

③ 언어 장애를 갖고 있는 사람의 말을 제대로 알아듣기 위해 거듭 물어서 확인한다.

④ 전동휠체어를 사용하는 장애인을 보고 "몸도 힘든데 왜 돌아다니느냐?"고 말한다.

⑤ 모임에 장애인이 참석하게 될 때 필요한 편의가 무엇인지 사전에 확인한다.

④ 이동에 제약이 있는 장애인은 돌아다니지 않아야 다른 사람에게 피해를 주지 않는다는 뜻이므로 장애인을 배제하는 표현입니다.

6. 다음 중에서 장애인을 만났을 때 가장 바람직한 태도로 볼 수 있는 것은 무엇일까요?

① 못 본 체한 뒤 힐끔 힐끔 쳐다본다.

② 당황해서 어찌할 바를 모르고 우왕좌왕한다.

③ 혹시 마음 상할 일이 생길까 봐 지나치게 친절하게 대해 준다.

④ 지나친 관심을 보이면 부담스러워할까 봐 없는 사람 취급한다.

⑤ 필요한 도움이 있는지 물어보고 요청이 있는 경우 도움을 준다.

⑤ 자연스럽게 대하는 것이 가장 바람직한 태도이며, 도움을 주고 싶을 때는 장애인 당사자의 의사를 확인하는 것이 좋습니다.